#3

SECRET CLASS
Avec des Fragrances

PEPAMINT
FRAGRANCE CLASS

Pepamint
Fragrance
CLASS

2017년 07월 11일 초판 01쇄 발행
2017년 10월 10일 초판 02쇄 발행

지은이	김미선
어시스트	윤정아
사진	정영주(CL Studio)

발행인	이규상
단행본사업부장	임현숙
책임편집	윤채선
편집 1팀	이소영 김보람
편집 2팀	한선화 정미애 윤채선
디자인팀	장미혜 손성규
마케팅 1팀	이인국 최희진 전연교 김새누리
마케팅 2팀	김혜진 김태선

펴낸곳	(주)백도씨
출판등록	제300-2012-170호(2007년 6월 22일)
주소	03043 서울시 종로구 자하문로 58 강락빌딩 2층(창성동 158-5)
전화	02 3443 0311(편집) 02 3012 0117(마케팅)
팩스	02 3012 3010
이메일	book@100doci.com(편집·원고 투고) valva@100doci.com(유통·사업 제휴)
블로그	http://blog.naver.com/100doci
인스타그램	@namusoo_book 카카오스토리ID 감성실림꿀팁

ISBN 978-89-6833-144-2 13630
© 김미선, 2017, Printed in Korea

이 도서의 국립중앙도서관 출판예정도서목록(CIP)은 서지정보유통지원시스템 홈페이지(http://seoji.nl.go.kr)와
국가자료공동목록시스템(http://www.nl.go.kr/kolisnet)에서 이용하실 수 있습니다.
(CIP제어번호: CIP2017015896)

Pepamint

Fragrance
CLASS

페 파 민 트   향 기   클 래 스

김미선 지음

나무[수]

Avec
des
Fragrances

향기와
함께

아침에 일어나 잠을 깨워주는 상쾌한 페퍼민트 비누로 세안하고, 나른한 오후에는 고소한 커피 한 잔을 마시며 로즈메리 향수로 기분 전환을 해봅니다. 저녁에는 집으로 돌아와 허브를 띄운 따뜻한 물에 발을 담가 피로를 풀고, 잠들기 전에 포근한 라벤더 향의 캔들을 켜고 하루를 돌아보는 시간까지……. 일상의 공간 속에서 우리는 모든 순간을 향기와 함께하고 있지요.

이렇듯 생활의 일부가 된 향기는 기분 좋은 설렘을 선물하고 때론 지친 하루를 다독여주기도 합니다. 이런 향기의 매력에 빠져 '페파민트 아틀리에'를 시작한 지 13년. 그 시간이 어떻게 지나갔는지도 모르게 향기에 흠뻑 취해 있었어요. '어떤 향이 좋을까, 좀 더 예쁜 디자인이 없을까' 하며 고민하고, 다양한 경험을 통해 공부하며 수업을 준비하는 일이 저에게는 큰 행복이었습니다.

무엇보다 가장 큰 행복은 저의 삶이 향기롭고 더욱 풍요로워진 것이에요. 꽃과 허브 그리고 나무와 풀, 다양한 과일과 열매 등의 향기로 자연을 가까이 느끼고 따스한 불빛을 보며 휴식의 시간을 가질 수 있게 된 것. 이 모든 것을 여러분과 함께 나누고 싶어요.

공간 곳곳을 향기로 가득 채우는 캔들과 디퓨저, 건강한 재료로 만든 천연 비누와 보디 케어 용품, 나만의 특별한 향수까지. 책에 담긴 향기 소품 중 하나를 골라 좋아하는 향을 넣어 만들어보세요. 어느새 마음이 편안해지고 미소 띤 표정의 자신을 볼 수 있을 거예요. 이 책을 통해 여러분도 다양한 향기를 느끼고 즐기는 시간을 가질 수 있길 바랄게요.

항상 응원해주고 도와준 안나, 가장 친한 친구인 남편과 사랑하는 가족, 그리고 책을 출간하기까지 도움을 주신 분들과 일을 하면서 만난 모든 소중한 인연들에 감사를 전해요.

PART 1
ROMANTIC CANDLE
모든 빛나는 날을 위한 로맨틱 캔들

TEA LIGHT CANDLE
따뜻한 티테이블을 만드는 티라이트

PILLAR CANDLE
클래식한 아름다움을 가진 필라 캔들

CONTAINER CANDLE
빛을 담은 오브제, 컨테이너 캔들

DESIGN CANDLE
색다른 분위기를 연출하는 디자인 캔들

PART2
SCENTED ORNAMENT
머물고 싶은 공간으로 만들어 줄 오너먼트 방향제&디퓨저

AIR FRESHENER
향기를 품은 석고 방향제&와스 태블릿

AROMA DIFFUSER
촉촉하게 향기를 머금은 아로마 디퓨저

PART3
NATURAL SOAP
자연 소재로 만드는 건강한 천연 비누

MELT&POUR SOAP
자극 없이 순한 MP 비누

COLD PROCESS SOAP
피부 힐링을 위한 CP 비누

PART4
HOME FRAGRANCE

일상을 채우는 향기로운 생활 방향 소품

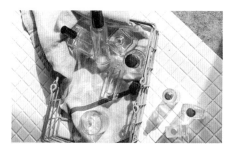

FRAGRANCE CLASS

BASIC LESSON

BASIC TOOLS

VARIOUS TOOLS

BASIC MATERIALS

BASIC SKILLS

BASIC TOOLS
기본 도구

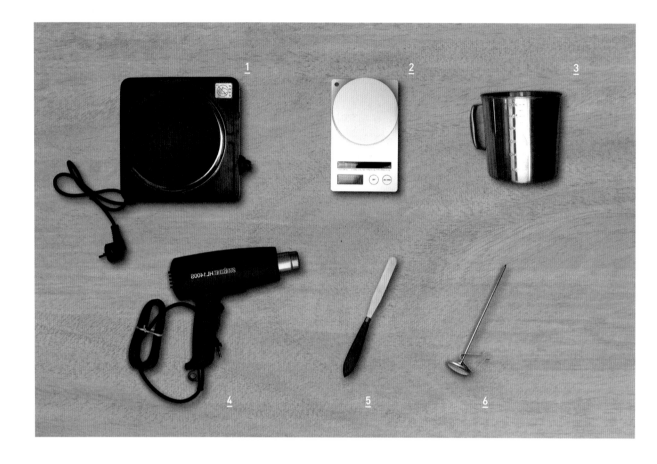

1_핫플레이트

재료를 녹이고 데우는 데 필요한 가열기다. 가열기로 가스레인지, 전기레인지, 전자레인지 등을 사용할 수 있지만 안전하고 휴대가 간편한 핫플레이트를 많이 사용한다. 자동으로 꺼졌다 켜졌다를 반복해 일정한 온도를 유지한다. 사용 후 반드시 핫플레이트 위에 올린 용기를 내리고 전원 코드를 뽑아두어야 한다.

2_전자저울

재료를 계량할 때 필요한 도구이다. 1g 단위의 전자저울이 사용하기 편리하며 3kg 이상의 무게를 잴 수 있는 제품이 유용하다.

3_스테인리스 비커

재료를 담아 계량하거나 녹일 때 사용하는 도구이다. 손잡이가 있는 제품이 사용하기 편리하며 소이 왁스 1kg을 녹일 때 약 3L 크기의 비커가 필요하다.

4_히트건

도구에 묻은 왁스를 녹일 때, 캔들 표면을 녹여 정리할 때 사용한다. 온도가 500도 가까이 올라가므로 사용 시 화상에 주의하고 주변에 화재 위험이 있는 물건을 치우고 사용한다. 히트건의 입구는 전원이 꺼진 후에도 한참 뜨거우니 꼭 식힌 후 보관한다.

5_헤라

왁스를 녹일 때, 재료를 골고루 섞을 때 사용한다. 헤라 대신 길이가 긴 시약 스푼을 사용해도 좋다. 철 소재로 된 것을 사용하면 소독과 세척이 편리하다.

6_온도계

캔들을 만들 때 정확한 온도는 매우 중요하다. 온도계를 사용하면 완성도 높은 캔들을 만들 수 있다. 왁스 양의 절반 정도 높이로 온도계를 담근 후 좌우로 흔들다 온도의 변화가 없을 때 나타나는 수치가 가장 정확한 온도이다.

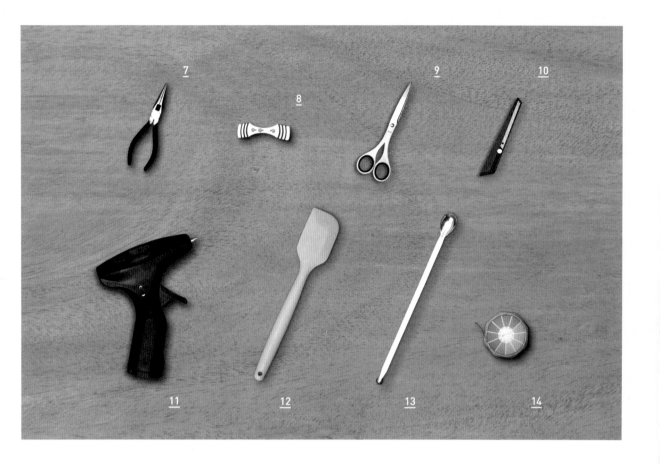

7_ 롱로우즈

심지탭 구멍에 심지를 끼우고 빠지지 않도록 조여 고정하는 도구
이다.

8_ 심지 고정대

왁스가 굳는 동안 심지가 움직이지 않고 용기 가운데에 오도록 고
정하는 도구이다. 캔들 소품숍에서 전용 고정대를 판매하지만 시
중에서 쉽게 구할 수 있는 나무젓가락을 적당한 길이로 잘라 사용
해도 좋다.

9_ 가위

심지를 자를 때 사용한다. 심지는 캔들의 표면에서 3~5mm 정도
로 남기고 자르는 것이 좋다.

10_ 칼

고체 색소를 깎아 넣거나 캔들 표면을 다듬을 때 사용한다. 비누
를 자를 때는 전용 비누칼을 사용하는 것이 좋다.

11_ 글루건

심지탭을 용기에 붙일 때 사용한다. 심지탭 전용 스티커가 판매되
고 있지만 용기 재질에 따라, 왁스 온도에 따라 떨어지는 경우가
많으므로 글루건을 사용하는 것이 좋다.

12_ 실리콘 주걱

비누를 녹일 때 주로 사용한다. 열에 의해 망가지지 않도록 실리
콘 소재를 사용하는 것이 좋다.

13_ 시약 스푼

재료를 섞을 때, 소량의 분말이나 첨가물을 넣을 때 사용한다. 없
을 때는 일회용 스푼을 사용해도 무방하다.

14_ PH 페이퍼

CP 비누의 숙성이 끝난 후 PH 테스트를 할 때 사용한다. PH 페이
퍼를 잘라 비누 거품에 댔을 때 색상이 PH 7~9로 변하면 비누를
사용해도 좋다.

VARIOUS TOOLS
다양한 도구

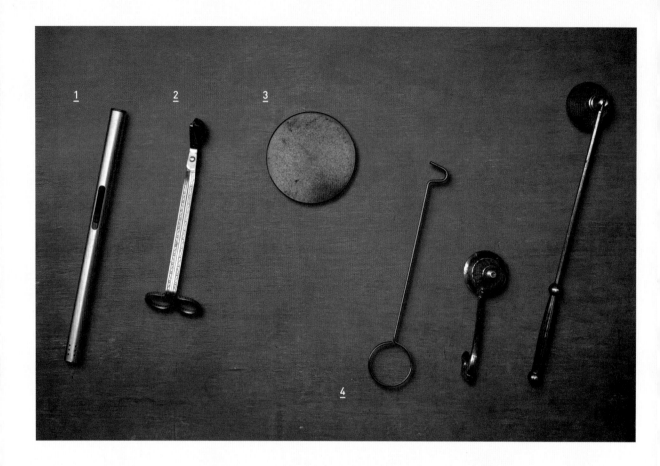

1_캔들용 라이터

캔들에 불을 붙일 때 사용한다. 이미 사용 중인 캔들에 불을 붙이는 경우도 고려해 길이가 긴 라이터나 성냥을 사용하는 것이 좋다.

2_윅 트리머

심지 전용 가위로 용기 안쪽에 있는 심지를 자를 때 사용한다. 없을 경우 가위나 손톱깎이를 대신 사용할 수 있다.

3_리드

캔들을 덮는 뚜껑으로 왁스에 먼지가 쌓이는 것을 막아주며 향이 휘발되어 약해지는 것을 막아주는 역할도 한다.

4_윅 디퍼·캔들 스너퍼

캔들을 입으로 불어 끄는 경우 연기가 많이 발생하고 그을음이 생길 수 있다. 윅 디퍼로 심지를 눌러 촛농에 담가 불을 끄거나 스너퍼로 심지를 덮어 산소를 차단해 끈다.

캔들 컨테이너

캔들 컨테이너는 캔들을 담는 컵이나 병 등의 용기이다. 컨테이너는 불에 타거나 뜨거워지지 않는 소재를 사용하고 산소가 잘 들어갈 수 있는 모양으로 고른다. 입구가 너무 좁거나 길이가 긴 용기는 산소가 통하지 않아 불꽃이 약하거나 용기 아랫부분에 그을음이 생길 수 있다.

가장 많이 사용하는 컨테이너 소재로는 유리, 틴, 도자기 등이 있다. 유리는 질감과 컬러, 형태에 따라 다양한 느낌을 표현할 수 있어 좋다. 소재 특성상 두께가 너무 얇으면 열에 의해 깨질 수 있으니 주의한다. 틴 소재는 특유의 낡고 빈티지한 느낌이 캔들을 멋스럽게 연출해준다. 틴 소재의 캔들을 태울 때는 뜨거울 수 있으므로 만지거나 위치를 옮기지 않는다. 도자기 소재는 소박하고 단아한 느낌의 디자인부터 은은한 광택과 세련된 라인이 돋보이는 우아한 디자인까지 다양하게 볼 수 있다. 캔들 컨테이너는 온라인 쇼핑몰이나 오프라인 캔들 소품숍에서 쉽게 구입할 수 있다.

몰드

왁스나 비누액을 담아 굳히는 틀이다. 필라 캔들과 다양한 디자인 캔들, 비누를 만들 때 사용한다. 몰드는 재질에 따라 투명한 폴리카보네이트(PC), 틴, 실리콘 소재 등으로 나뉜다. 캔들의 종류나 디자인에 따라 원하는 몰드를 선택하고 실리콘으로 직접 만들어 사용할 수도 있다.

> ** 컨테이너나 몰드 크기에 따른 왁스의 양 쉽게 계산하는 방법
>
> 컨테이너나 몰드에 물을 담아 무게를 재본 후 물 무게의 90%로 왁스를 준비한다.

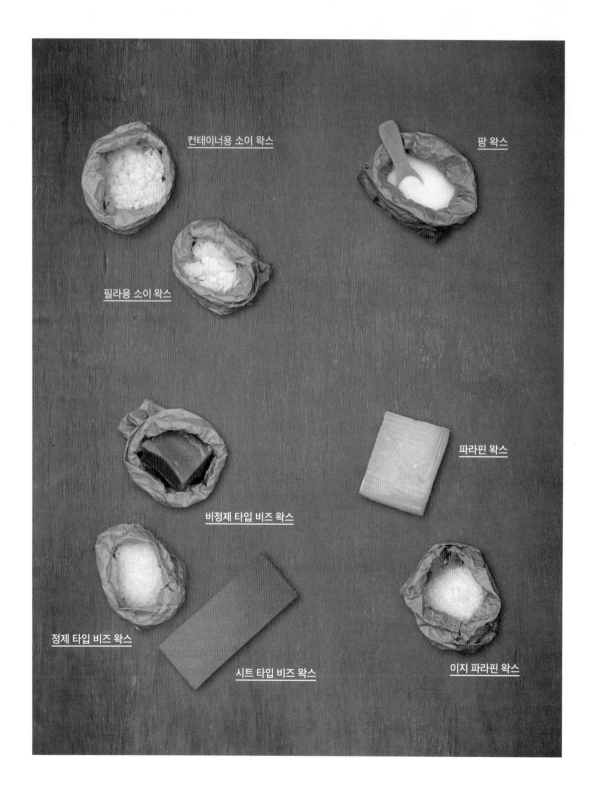

컨테이너용 소이 왁스

팜 왁스

필라용 소이 왁스

비정제 타입 비즈 왁스

파라핀 왁스

정제 타입 비즈 왁스

시트 타입 비즈 왁스

이지 파라핀 왁스

소이 왁스(컨테이너 · 필라용)

콩에서 추출하는 소이 왁스는 천연 왁스 중에서 가격이 저렴할 뿐만 아니라 왁스 특유의 향이 많이 나지 않고 화이트 색상이라 활용도가 높다. 소이 왁스는 녹는점에 따라 필라용, 컨테이너용으로 나눠진다. 만들고자 하는 캔들과 방향제의 종류에 따라 구분해서 사용한다.

컨테이너용 왁스는 용기에 잘 밀착되며, 필라용 왁스는 수축률이 높아 몰드에서 분리하기 쉽다. 컨테이너용으로 필라 캔들을 만들면 몰드에서 빠지지 않거나, 왁스가 굳지 않아 캔들이 쉽게 망가질 수 있고 반대로 필라용으로 컨테이너 캔들을 만들 경우 왁스가 깨지거나 온도가 너무 높이 올라갈 수 있어 위험하다.

최근에 왁스 브랜드마다 발향율을 높여주는 왁스나 뜬 현상을 줄인 왁스 등 다양한 종류가 나오고 있으니 캔들의 특징에 맞는 제품을 골라 사용한다. 책에서 사용한 왁스는 별도의 표기가 없을 경우 에코소야 브랜드의 소이 왁스이다.

팜 왁스

야자나무 열매에서 추출되는 팜 왁스는 굳는 과정에서 결정이 생겨 반짝반짝 빛이 나기 때문에 크리스털 팜 왁스라고도 불린다. 하지만 원산지나 붓는 온도에 따라 결정 모양이 다르게 나타나 반짝이지 않는 경우도 있다. 소이 왁스에 비해 저렴하지만 특유의 지방산 냄새가 많이 나므로 향이 메인인 캔들을 만들 경우 사용하지 않는 것이 좋다.

비즈 왁스(비정제 · 정제 · 시트 타입)

비즈 왁스는 꿀벌이 벌집을 만들기 위해 분비하는 밀랍에서 추출하여 만든 왁스로 가장 비싼 천연 왁스이다. 비정제 타입은 비즈 왁스 특유의 꿀 향과 노란 색상을 가진 왁스이고 정제 타입은 비정제 비즈 왁스의 색과 냄새를 제거한 것으로 캔들에 컬러를 더하거나 향을 입힐 때 쓰기 적절하다. 시트 타입은 비즈 왁스를 얇게 시트처럼 밀고 벌집 모양의 패턴을 찍어 만든 왁스로서 심지를 넣어 돌돌 말아 사용한다. 어린이나 초보자도 쉽게 캔들을 만들어 바로 사용할 수 있어 좋다.

파라핀 왁스

천연 캔들이 인기를 얻기 전에는 보통 석유에서 추출한 파라핀 왁스를 사용했다. 파라핀 왁스는 가격이 저렴하고 캔들로 만들면 발향성이 좋다. 하지만 연소 시간이 짧고 석유에서 추출했기 때문에 친환경적인 캔들을 만들고 싶은 사람들에게 선호도가 낮다. 파라핀 왁스는 녹는점에 따라 저온 파라핀, 표준 파라핀, 고온 파라핀으로 나뉘고 이지 파라핀은 알갱이 타입으로 왁스를 계량하고 녹일 때 편리하다.

BASIC MATERIALS
심지 · 심지탭의 종류

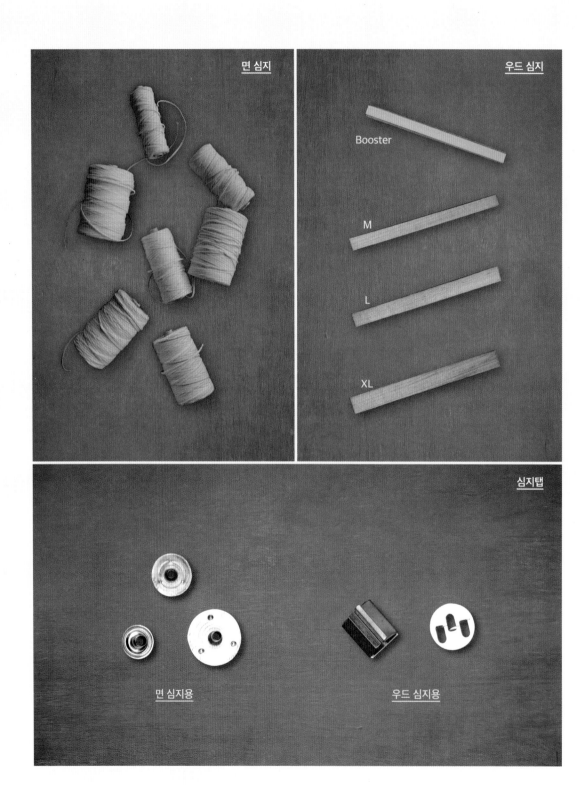

면 심지

우드 심지

Booster

M

L

XL

심지탭

면 심지용

우드 심지용

심지

캔들의 중요한 재료 중에 하나인 심지는 보통 캔들의 가운데에 위치하여 녹인 왁스를 끌어 올려 연료로 사용하면서 캔들에 불을 밝히는 역할을 한다. 예전에는 심지가 꺾이지 않도록 철, 아연 등을 넣어 만든 심지를 사용하기도 했지만 중금속이 방출될 수 있다는 우려로 잘 사용하지 않고 요새는 면 심지, 에코 심지, 우드 심지 등을 많이 사용한다.

심지는 캔들의 지름과 왁스의 종류를 고려하여 선택한다. 지름에 비해 너무 얇은 심지를 사용하면 심지 주변만 연소되어 캔들 안쪽이 우물처럼 움푹 파이는 터널 현상이 생기고 반대로 너무 굵은 심지를 사용하면 캔들이 빠른 시간 내에 모두 연소해버린다.

브랜드에 따라 심지 번호나 호수가 다양하게 판매된다. 보통 숫자가 커질수록 심지 두께가 두꺼워지며 기본적인 형태인 지름 7~8cm의 에코 소이 왁스를 이용한 캔들은 46번 또는 4호 심지를 가장 많이 사용한다. 이 크기를 기준으로 캔들의 지름의 길이가 짧으면 얇은 심지를 사용하고 길면 두꺼운 심지를 선택한다. 왁스의 특성에 따라 하나의 캔들에 심지를 여러 개 사용해도 좋다.

면 심지

가장 많이 사용되는 심지는 100% 천연 섬유로 만들어진 면 심지이다. 면 심지는 코팅이 이미 되어 있는 심지와 직접 코팅을 해야 하는 심지로 나뉜다. 심지가 코팅이 되어 있지 않으면 연소 시 타 버리거나 너무 짧아질 수 있으니 심지를 빳빳하게 코팅한 후 사용하거나 캔들을 태우기 전, 심지 끝에 왁스를 묻힌다.

우드 심지

최근에 나온 우드 심지는 아주 얇은 나뭇조각을 붙여서 만들며, 연소 시 타닥타닥 나무 타는 소리와 나무 향이 나서 인기를 얻고 있다. 하지만 면 심지에 비해 가격이 비싸고 연소 시 심지 주변의 왁스가 변색되어 지저분해진다는 단점이 있다.

심지탭

필라 캔들이나 실리콘 몰드로 캔들을 만들 경우에는 심지탭이 따로 필요하지 않지만, 컨테이너 캔들을 만들 때는 용기에 심지를 고정하기 위해 심지탭을 사용한다. 심지탭은 면 심지용과 우드 심지용으로 나뉘며 각각 모양이 조금씩 다르다.

면 심지용

심지탭의 크기는 12×7mm, 15×3mm, 20×6mm 등으로 구분하고 숫자는 '심지탭 바닥 지름×심지탭 높이'를 표기한 것이다. 보통 티라이트에는 12×7mm 크기가 적당하고 그 외에 컨테이너 캔들을 만들 때는 용기 크기에 따라 골라 사용하면 된다. 심지탭의 구멍은 다양한 크기의 심지를 끼워 사용할 수 있도록 입구가 넓으므로 롱로우즈를 이용하여 심지탭의 목 부분을 집어 심지를 고정시킨다.

우드 심지용

바닥면이 원형 또는 직사각형 모양으로 크기는 따로 구분되어 있지 않으며 우드 심지를 끼워 사용하면 된다.

** 권장 심지 사이즈

소이 왁스 브랜드 \ 컨테이너 크기	보티브 · 3oz (지름 3.8~5cm)	5oz (지름 6cm)	7oz (지름 7cm)	9oz (지름 8cm)	9oz 이상 (지름 9~10cm)
에코소야	16~26번 (1~2호)	30번 (2호)	36번 (3호)	46번 (4호)	60번 (5호)
골든	26~30번 (2호)	36번 (3호)	46번 (4호)	60번 (5호)	80번 (6호)

BASIC MATERIALS
에센셜 오일 · 프래그런스 오일

에센셜 오일

향기가 나는 식물에서 추출한 천연 향료로 은은하고 부드러운 향
을 느낄 수 있다. 고농축 휘발성 오일로 고온의 왁스에 넣으면 향
이 날아가므로 녹는점이 낮은 소이 왁스에 첨가하는 것이 좋다.
에센셜 오일을 2~3개 섞어 사용하기도 하며 블렌딩이 잘 된 향은
하나의 향처럼 조화롭게 느껴진다. 에센셜 오일을 피부에 사용할
때 반드시 희석해서 사용하며 사용 용량을 초과하지 않는다. 직접
피부에 닿지 않도록 주의하고 피부가 민감한 사람이라면 패치 테
스트를 한 후 1% 미만으로 희석해서 사용한다. 알레르기가 있는
향은 피해서 사용하고 임신부나 고혈압 환자에게 안 좋은 영향을
끼칠 수 있는 오일도 확인하는 것이 좋다. 오일을 보관할 때는 빛
을 차단하는 차광 유리병에 담아 서늘하고 그늘진 곳, 습기가 없
는 곳에서 보관한다.

프래그런스 오일

여러 가지 향을 조합하여 인공적으로 만든 향료로 에센셜 오일과
달리 비교적 높은 온도의 왁스에도 무난히 사용 가능하다. 가격도
저렴하고 적은 양을 사용해도 향이 진하다는 장점이 있다. 빠른
시간 안에 탈취 효과를 원할 경우 추천한다.

색소

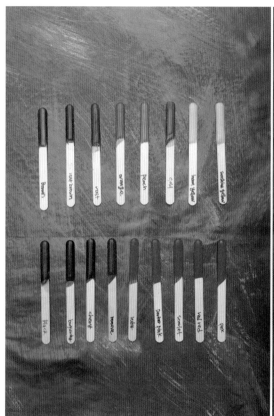
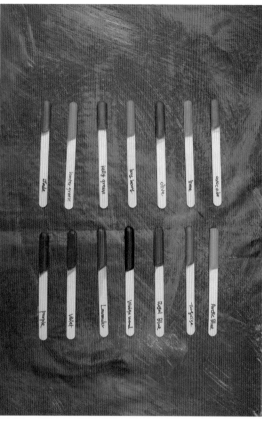

고체 · 액체 색소

캔들의 색을 낼 때 쓰는 색소에는 고체와 액체 색소가 있으며 반드시 캔들용을 사용해야 한다. 고체 색소는 액체 색소에 비해 가격이 비싸지만 색상이 다양하고 고급스럽다. 칼이나 헤라로 깎아, 녹인 왁스에 넣고 색소가 덩어리지지 않도록 골고루 섞어 사용한다. 액체 색소는 고체 색소보다 쉽게 녹아 사용할 때 편리하고 가격이 저렴하지만 색의 종류가 많지 않다는 단점이 있다.

시중에서 구할 수 있는 캔들 색소의 컬러는 약 30~40가지 정도이며 원하는 색이 없을 경우 섞어 사용해도 좋다. 색소를 왁스에 넣고 굳히면 색이 많이 연해지므로 색을 내 녹인 왁스를 차가운 물에 떨어뜨려 색을 확인해보는 것이 좋다.

캔들에 색소를 많이 넣을 경우 색소 입자로 인해 캔들의 불꽃이 약해질 수 있고 직사광선에 장시간 노출될 경우 색이 흐려질 수 있다. 색소가 옷이나 테이블에 묻으면 색이 잘 지워지지 않고 색소가 들어간 캔들 역시 대리석이나 나무 재질 위에 그냥 올려두면 색소가 침착되므로 주의한다.

BASIC SKILLS
면 심지 코팅 · 심지탭 사용하기

1_왁스를 스테인리스 비커에 담아 계량한다.

2_비커를 핫플레이트에 올리고 헤라로 골고루 저어 왁스를 녹인다.

3_비커를 핫플레이트에서 내린 후 적당한 길이로 자른 심지를 나무젓가락을 이용하여 녹인 왁스에 10초간 푹 담근다.

4_심지를 꺼내 바닥에 올려놓고 앞뒤로 한 번씩 돌려가며 굳힌다.

5_코팅한 심지를 캔들 컨테이너나 몰드 길이보다 길게 자른 후 심지탭 구멍에 끼운다.

6_끼운 심지가 심지탭 바닥으로 튀어 나오지 않은 상태에서 심지탭의 목 부분을 롱로우즈로 집어 심지를 고정시킨다.

MAKING NOTE

** 심지를 낮은 온도의 왁스에 담그거나 너무 오랫동안 왁스에 담가두면 두껍게 코팅되어 심지탭에 끼우기 어려울 수 있으니 주의한다.

** 코팅한 심지는 바로 사용하지 않을 경우 공기나 먼지가 들어가지 않도록 밀폐 용기에 담고 심지 번호와 왁스를 표기해둔다. 너무 오래 보관하면 왁스가 산화될 수 있으므로 6개월 이내에 사용하는 것이 좋다.

** 심지탭을 롱로우즈로 집어줄 때 롱로우즈의 안쪽으로 집어주면 힘을 많이 들이지 않고 단단히 고정할 수 있다.

** 심지탭의 목 부분을 집을 때 너무 아래쪽을 집으면 심지탭의 바닥이 휠 수 있으니 위쪽을 잡아 심지를 고정시킨다.

BASIC SKILLS
캔들 만들기

1_평평한 곳에 저울을 놓고 비커를 올린 후 0점으로 맞춘다. 왁스를 나눠 넣으며 필요한 양만큼 계량한다.

2_비커를 핫플레이트에 올리고 약한 불에서 헤라로 저어가며 왁스를 녹인다. 왁스가 녹으면 핫플레이트에서 내린다.

3_향 오일을 넣고 골고루 섞어 왁스에 향이 잘 배도록 한다.

4_왁스를 몰드나 용기의 가운데에 조심스럽게 붓는다.

5_왁스가 완전히 굳을 때까지 되도록 만지지 않는다. 완성된 캔들은 하루 정도 두었다 사용하는 것이 좋다.

MAKING NOTE

** 왁스는 너무 높은 온도로 녹이면 수축이 많이 일어나고 연소 시 냄새가 날 수 있다. 또한 왁스의 산화가 빨리 일어나거나 색이 변색될 수 있다. 200도 이상으로 가열하면 왁스에 불이 붙을 위험이 있으니 반드시 약한 온도로 녹이고 작업을 완료한 후에는 핫플레이트에서 내린다.

** 향(에센셜 오일 또는 프래그런스 오일)은 보통 왁스 무게의 10%를 넣는 것이 적당하다. 너무 많이 넣을 경우 캔들에 불이 붙을 수 있으니 사용 용량을 지켜 넣는다. 또한 왁스의 온도가 너무 높은 상태에서 향을 넣으면 향이 많이 약해진다. 컨테이너용 왁스에는 50도 전후, 필라용 왁스에는 60도 전후에 넣는 것이 좋다.

** 향을 여러 개 사용할 경우 각각 하나씩 넣어도 좋고 블렌딩하여 넣으면 좀 더 편리하다.

** 왁스나 오일이 얼굴이나 몸에 튀지 않도록 주의하고 앞치마를 입고 작업한다. 만약 옷에 묻은 경우 신문지를 옷 위에 올려놓고 다리미로 다린 후 세제로 빨면 지워진다. 작업 중간중간에는 환기를 시켜준다.

** 왁스가 바닥에 흘렀을 때는 바로 닦지 말고 굳은 후 긁거나 떼어낸다. 그다음 뜨거운 물에 적셔 꼭 짠 걸레로 닦아준다. 그래도 미끄럽거나 제거되지 않을 경우 알코올로 닦는다.

** 스테인리스 비커나 용기에 묻은 왁스는 액체 상태일 때 휴지로 닦아내고 굳었을 경우 히트건으로 열을 가해 살짝 녹인 다음 휴지로 닦아낸다. 그다음 뜨거운 물과 세제로 깨끗이 세척한 후 말린다.

PART 1

ROMANTIC
CANDLE

모든 빛나는 날을 위한
로맨틱 캔들

TEA LIGHT
CANDLE

따뜻한 티테이블을 만드는 티라이트

티라이트는 원래 찻주전자를 데우기 위해 사용하던 캔들이에요. 요즘도 예쁜 티워머에 티라이트를 넣어 차를 내주는 카페가 있지요. 여유로운 오후, 캔들을 켜놓고 향긋한 차를 따뜻하게 즐겨보세요. 티라이트는 한 번 연소하기 시작하면 세 시간 정도 빛을 낸 후 저절로 소화되기 때문에 편안한 마음으로 사용하기 좋아요. 다양한 컬러와 향기의 티라이트를 만들어두고 기분에 따라 골라서 사용해보세요.

Basic
Tea Light

베이직 티라이트

티라이트는 컨테이너나 전용 홀더에 넣어 불을 켜면 다양한 느낌
을 낼 수 있는 캔들이기도 해요. 자작나무 홀더에 담으면 하얀
겨울 숲의 느낌을 낼 수 있고 물결무늬가 있는 유리 그릇에 담
으면 빛이 일렁이며 사방으로 퍼지는 모습이 무척이나 아름다
워요. 작은 사이즈의 티라이트는 향을 테스트 해보고 싶을 때
도 만들면 좋답니다.

Materials:

면 심지(26번)······················ 6개
심지탭(12×7mm) ···················· 6개
소이 왁스(컨테이너용) ··············· 90g
오렌지 에센셜 오일·················· 6g
라벤더 에센셜 오일·················· 3g

Tools:

기본 도구
원형 티라이트 용기(3.8×1.5cm) ········ 6개

1_ 심지탭에 코팅한 심지를 끼운 후 롱로우즈를 사용하여 고정시킨다.

2_ 글루건을 사용하여 심지탭의 바닥 면에 접착제를 바른다.

3_ 심지탭을 티라이트 용기의 바닥 가운데에 붙인다.

4_ 스테인리스 비커에 소이 왁스를 담아 계량한 후 핫플레이트에 올려 녹인다. 녹인 왁스에 블렌딩한 에센셜 오일을 넣고 골고루 섞는다.

5_ 녹인 왁스를 티라이트 용기에 조심스럽게 붓는다.

6_ 왁스가 완전히 굳은 후 심지를 윗면에서 3~5mm 남기고 자른다.

[숫자 캔들 홀더]

Various
Tea Light Holders

다양한 티라이트 홀더

티라이트는 어디에 담아 켜느냐에 따라 다양한 분위기를 연출해요. 투명한 유리 용기에 그냥 담아도 좋지만 내가 원하는 문구를 써서 붙이거나 종이를 오려 씌우면 밋밋했던 캔들이 금세 특별해질 거예요. 또 다양한 재료를 활용해 나만의 티라이트 홀더를 만들 수 있지요. 테이블에 맛있는 음식을 차리고 멋스러운 티라이트 홀더를 올려 보세요. 좋아하는 사람들과 식탁에 둘러 앉아 있는 순간이 낭만적으로 느껴질 거예요.

HOUSE CANDLE

[머큐리 캔들 홀더]

빈티지한 느낌의 불투명한 은빛이 마치 수은처럼 보여
머큐리 캔들 홀더라고 이름을 붙였어요.
티라이트를 넣어 불을 밝히면
홀더 사이사이로 형형색색 빛이 새어
나오며 색다른 느낌이 납니다.
여러 가지 색상을 사용해 다양한 느낌을
연출할 수 있어 활용도가 높아요.

심플한 모양의 티라이트도 와인병 홀더에 담으면
분위기 있는 홈파티 캔들로 변신합니다.
티라이트를 테이블에 올려놓고 자른 와인병의 윗부분을 덮어 씌우면
병을 재활용하는 재미도 있고 독특하고 멋진 캔들 홀더가 된답니다.
자른 와인병의 밑부분은 홀더로도 쓸 수 있고
왁스를 직접 부어 컨테이너로도 사용할 수 있어요.

Materials:

A4 용지
유리 용기
티라이트

Tools:

가위
칼
양면테이프

1_A4 용지에 22×16cm 크기의 직사각형을 그리고 사진과 같이 글씨와 빛이 새어 나올 수 있는 창문 모양도 그려 넣는
   다. 가위와 칼을 이용해 도안을 자르고 구멍을 낸다.

2_자른 종이를 유리 용기 크기에 맞게 동그랗게 말아 양면테이프로 고정시킨다.

3_티라이트를 유리 용기에 넣고 2를 씌운다.

Materials:

스티커 용지
유리 용기
유리 전용 물감(생략 가능)
티라이트

Tools:

가위
붓(생략 가능)

1_스티커 용지에 좋아하는 숫자 혹은 기념일이나 문구를 프린트한 후 가위로 자른다.

2_유리 용기에 스티커가 뜨지 않도록 손으로 꾹꾹 눌러 붙인다.

3_스티커 대신 페인트나 물감을 활용해 숫자를 써넣어도 좋다. 유리 전용 물감을 사용하면 유리 재질에도 쉽게 그림을 그릴 수 있다.

MERCURY CANDLE HOLDER
머큐리 캔들 홀더

Materials:

유리 용기
미러 스프레이
컬러 스프레이 락커
티라이트

Tools:

스프레이 용기
드라이어
가위

1_투명한 유리 용기를 준비한다. 유리 용기는 캔들 소품을 판매하는 곳에서 좋아하는 디자인을 골라 구입하되 티라이트
　　가 들어갈 수 있는 크기로 선택한다.

2_스프레이 용기에 물을 담은 후 유리 용기 안쪽에 물이 흐르지 않을 정도로 가볍게 뿌린다.

3_미러 스프레이를 잘 흔들어 유리 용기 안쪽에 뿌려준다.

4_드라이어로 용기 안쪽을 말린다.

5_다양한 색감을 내고 싶다면 컬러 스프레이 락커를 활용한다. 원하는 컬러의 스프레이 락커를 잘 흔든 후 용기 안쪽에
　　뿌린다.

6_티라이트를 넣었을 때 불빛이 새어 나올 수 있도록 휴지로 톡톡 두드려 색을 덜어낸다.

7_하루 동안 말린 후 티라이트를 넣어 사용한다.

WINE BOTTLE CANDLE HOLDER
와인병 캔들 홀더

Materials:

와인병
티라이트

Tools:

목장갑
스테인리스 호스 밴드
드라이버
유리칼
토치
사포

1_와인병은 라벨을 제거하고 깨끗이 닦아 준비한다. 다치지 않도록 목장갑을 끼고 작업을 시작한다.

2_와인병을 일정하게 자르기 위해 스테인리스 호스 밴드를 원하는 높이에 끼운 후 드라이버를 이용하여 조인다. 유리 칼을 이용하여 밴드 위에 선을 그어나간다.

3_호스 밴드를 풀고 토치를 이용하여 그어진 선 부분에 열을 가해 병을 돌려가며 자른다.

4_잘린 부분에 물을 묻혀가며 사포로 문지른다. 부드럽게 연마되면 물로 깨끗이 씻어 말린 후 티라이트를 넣어 사용한다.

MAKING NOTE

토치가 없다면 캔들 불빛을 이용하거나 뜨거운 물과 차가운 물에 번갈아가며 담가준다.

Tea Light
Wrapping Idea

티라이트
포장 아이디어

이런저런 일로 스트레스를 받아 우울해하는 친구를 위해 릴랙스 효과가 있는 라벤더 에센셜 오일과 기분을 밝게 만들어 주는 베르가못 에센셜 오일을 넣은 티라이트를 선물했어요. 친구에게 보낼 메시지를 프린트하여 라벨을 붙이고 상자에 담아 정성껏 포장했습니다. 좋은 향기와 함께 제 마음도 전달되길 바라면서요.

Materials:

라벨지
비닐 포장지
선물용 상자
티라이트

Tools:

가위
양면테이프

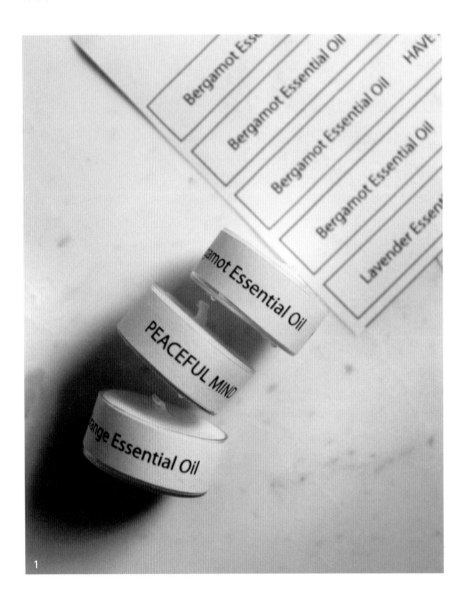

1

1_ 라벨지에 6.5×1.6cm 크기의 직사각형을 그리고 원하는 문구를 써넣은 후 인쇄한다. 양면테이프를 이용하여 티라이트 용기 옆면에 둘러 붙여준다.

2_ 선물용 상자에 티라이트를 넣을 때는 심지가 망가지지 않도록 옆으로 살짝 꺾어준다. 상자에 왁스가 묻지 않도록 하려면 비닐 포장지로 1차 포장한 후 담으면 좋다.

Materials:

티라이트 포장 케이스(4구)
포장지
리본끈(또는 실)
티라이트

Tools:

가위
양면테이프

1_티라이트 심지를 옆으로 살짝 꺾은 후 플라스틱으로 된 티라이트 포장 케이스에 담는다.

2_포장지로 옆면을 감싸 포장한다. 풀이나 스카치테이프 대신 양면테이프를 사용하면 깔끔하게 포장할 수 있다.

3_윗면도 깔끔하게 접은 후 양면테이프로 고정시킨다.

4_리본끈이나 실로 자연스럽게 묶어주면 핸드메이드 느낌을 더할 수 있다.

Perfume
Story

Lavender

타샤의 정원에서 수확한 라벤더

제일 좋아하는 향기 중에 하나가 라벤더 향이에요. 은은한 향이 우리에게는 매우 익숙하죠. 라벤더의 매력에 빠져 타샤의 정원에 허브를 직접 수확하러 다녀오기도 했어요. 땀이 송골송골 났지만 라벤더 향에 취해 열심히 수확했지요.

라벤더 향은 진정 효과가 뛰어난 향이에요. 심리적으로 불안하거나 초조할 때 맡으면 마음이 차분해지는 효과를 볼 수 있어요. 불면증이 있다면 베개 솜에 라벤더 오일을 한 방울 떨어뜨리거나 침대 근처에서 라벤더 향을 발향시켜보세요. 빨래를 할 때 라벤더 오일을 넣어 헹군 후 말리면 항균 효과는 물론 은은한 향이 기분까지 편안하게 해줄 거예요.

중학교 시절 여드름이 한창 심했을 때 라벤더 향을 쓰면서 도움을 많이 받았어요. 라벤더를 넣은 천연 비누를 꾸준히 쓰면 심하지 않은 피부 트러블 치료에 도움이 됩니다. 또한 라벤더는 벌레 퇴치 효과가 뛰어나기 때문에 허브를 직접 뿌리거나 스프레이 타입으로 만들어 뿌리기도 합니다. 단, 저혈압이나 초기 임신부는 사용하지 않는 것이 좋아요.

PILLAR
CANDLE

클래식한 아름다움을 가진 필라 캔들

'기둥'이라는 뜻을 가진 필라 캔들은 별도의 용기 없
이 스스로 서 있어 붙여진 이름이에요. 심지를 중심
으로 둥그렇게 타들어가는 캔들의 특성상 처음에는
원기둥 형태의 필라 캔들이 많았지만 지금은 디자
인적인 요소가 더해져 다양한 모양의 필라 캔들을
볼 수 있어요. 연출하는 스타일에 따라 다르지만 너
무 화려한 모습보다는 심플하고 베이직한 필라 캔
들에 불을 밝혔을 때 더 따뜻한 분위기가 느껴져요.

Basic
Pillar Candle

베이직 필라 캔들

왁스 양을 다르게 하여 높이에 변화를 주거나 색소를
섞어 색을 바꾸면 몰드 한 개만으로 여러 가지 스타일
의 필라 캔들을 만들 수 있어요. 필라 캔들은 하나만
놓으면 모던한 인테리어 소품으로 어울리고, 같은 색
혹은 톤이 비슷한 필라 캔들을 여러 개 두면 마치 디
자인 편집숍에 온 듯 멋스러워요.

Materials:

면 심지(36번)······················ 1개
소이 왁스(필라용) ················ 450g
메이창 에센셜 오일·················45g
이형제···························· 약간
다부치···························· 약간

Tools:

기본 도구
원통형 PC 몰드(6×15cm) ············ 1개

1_몰드 안쪽에 이형제를 골고루 뿌린다.

2_코팅한 심지를 몰드 바닥에 뚫린 구멍을 통해 끼운다.

3_심지를 끼운 구멍으로 왁스가 새어나오지 않도록 고형 접착제인 다
　부치를 붙여 꼼꼼히 막아준다.

4_몰드를 뒤집고 심지를 살짝 당겨 심지 고정대 또는 나무젓가락을 이
　용해 몰드 가운데에 고정시킨다.

5_ 스테인리스 비커에 소이 왁스를 담아 계량한 후 핫플레이트에 올려 녹인다. 녹인 왁스의 온도가 60도로 떨어지면 메이창 에센셜 오일을 넣고 잘 섞은 후 몰드에 조심스럽게 붓는다.

6_ 왁스가 굳을 때까지 그대로 둔다.

7_ 캔들 윗면에 수축이 일어난 부분을 깔끔하게 마무리하기 위해 남은 왁스를 다시 녹여 이중 붓기를 해준다.

8_ 왁스가 완전히 굳으면 3에서 붙인 다부치를 떼어내고 접힌 심지를 바로 세운다. 반대쪽 심지를 당겨 캔들을 빼내고 심지를 윗면에서 5mm 남기고 자른다.

MAKING NOTE

•• 이형제는 왁스가 다 굳은 후 몰드에서 쉽게 분리될 수 있도록 도와주는 재료이다. 꼼꼼히 뿌리지 않거나 왁스가 완전히 굳지 않으면 몰드에서 캔들이 빠지지 않을 수 있으니 주의한다.

•• 심지를 당겨 몰드 가운데에 고정할 때 너무 세게 당기면 심지가 빠질 수 있으니 주의한다.

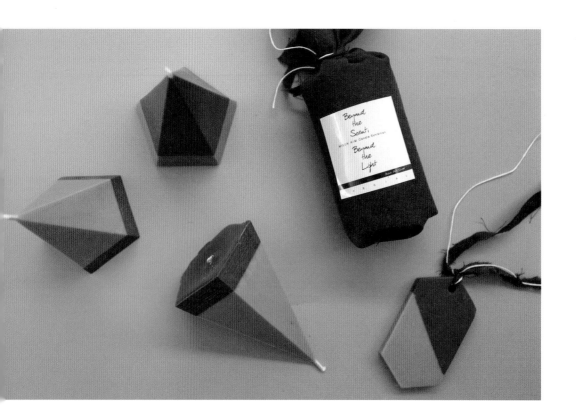

Layer
Pillar Candle

레이어 필라 캔들

독특한 모양의 몰드를 사용하여 디자인 필라 캔들을 만들기도 하지만 간단히 두 가지 컬러를 레이어하는 것만으로도 새로운 느낌이 나는 캔들을 만들 수 있어요. 인디고 핑크와 네이비 컬러를 레이어한 필라 캔들은 블랙 앤드 화이트로 꾸며진 시크한 인테리어 공간에 잘 어울려요. 원목 테이블이나 라탄 소재의 소품과 함께 두면 포인트가 됩니다.

Materials:

면 심지(36번) · 1개
소이 왁스(필라용) · · · · · · · · · · · · · · · · 150g
제라늄 에센셜 오일 · · · · · · · · · · · · · · · 12g
블랙페퍼 에센셜 오일 · · · · · · · · · · · · · · · 3g
이형제 · 약간
다부치 · 약간
고체 색소(버건디 핑크, 블랙, 네이비 블루) · · · · ·
· 약간씩

Tools:

기본 도구
오각뿔 PC 몰드(6×15cm) · · · · · · · · · · · · ·1개

1

2

3

1_몰드 안쪽에 이형제를 골고루 뿌린다.

2_코팅한 심지를 몰드 바닥에 뚫린 구멍을 통해 끼운다.

3_롱로우즈를 이용하여 2에 끼운 심지를 몰드 안쪽으로 당긴다. 이때,
　심지를 끝까지 당기지 않고 0.5~1cm 남겨 놓는다

4_심지를 끼운 구멍으로 왁스가 새어나오지 않도록 다부치를 붙여 꼼꼼히 막아준다. 몰드 안쪽에 있는 심지를 당긴 후
　심지 고정대로 몰드 가운데에 고정한다.

5_스테인리스 비커에 소이 왁스 120g을 담아 계량한 후 핫플레이트에 올려 녹인다. 녹인 왁스의 온도가 80도일 때 버
　건디 핑크 컬러의 고체 색소를 조금 깎아 넣는다.

6_블랙 컬러의 고체 색소를 조금 깎아 넣어 색을 톤 다운시킨다. 색소가 덩어리지지 않도록 시약 스푼으로 골고루 섞는다.

7_왁스를 시약 스푼으로 아주 소량만 떠서 차가운 물에 떨어뜨리며 색을 확인한다.

8_왁스의 온도가 60도로 떨어지면 블렌딩한 에센셜 오일 12g을 넣고 잘 섞는다. 왁스를 몰드에 조심스럽게 붓는다.

9_8의 왁스 윗면이 굳으면 스테인리스 비커에 남은 소이 왁스 30g을 담아 계량한 후 핫플레이트에 올려 녹인다. 녹인 왁스의 온도가 80도일 때 네이비 블루, 블랙 컬러의 고체 색소를 조금 깎아 넣은 후 섞는다.

10_9의 왁스 온도가 60도로 떨어지면 남은 블렌딩한 에센셜 오일 3g을 넣어 섞는다. 왁스를 8의 왁스가 담긴 몰드에 조심스럽게 부어준다.

11_왁스가 완전히 굳으면 4에 붙인 다부치를 떼어내고 접힌 심지를 바로 세운다. 반대쪽 심지를 당겨 캔들을 빼낸다.

- 몰드가 거꾸로 되어 있으니 윗부분에 만들고자 하는 색의 왁스를 먼저 붓는다.
- 먼저 부은 왁스가 어느 정도 굳은 후(1시간 이내로) 두 번째 왁스를 붓는다. 먼저 부은 왁스가 잘 굳지 않으면 색이 섞이고 반 대로 완전히 굳으면 수축이 많이 일어나 먼저 부어놓은 왁스의 바깥 면으로 두 번째 왁스가 스며들 수 있으니 주의한다.
- 두 번째로 붓는 왁스의 온도가 너무 높으면 처음 부어놓은 왁스가 녹을 수 있다. 반드시 60도로 식힌 후 부어준다.

Pillar Candle
Wrapping Idea

필라 캔들
포장 아이디어

먼지를 끌어당기는 왁스의 특성상 컨테이너에 담겨 있지 않은 필라 캔들은 바로 사용하지 않는다면 포장해두는 것이 좋아요. 포장을 할 때는 왁스나 에센셜 오일이 배어 나와 얼룩이 지거나 향이 약해지는 것을 막기 위해 이중 포장하는 것을 추천해요. 먼저 비닐 포장지나 트레이싱지 등으로 감싸고 그다음 포장지나 패브릭을 사용하는 것이 좋습니다. 자연스러운 구김이 멋스러운 리넨을 활용하면 간단하지만 정성이 느껴지는 포장이 되지요. 또, 실링 스탬프를 찍어주면 앤티크한 분위기를 낼 수 있어요.

Materials:

필라 캔들
비닐 포장지(또는 트레이싱지)
리넨
실

Tools:

가위
글루건

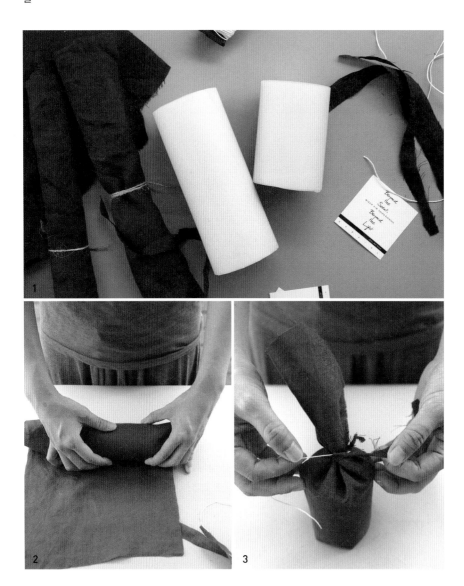

1_비닐 포장지 또는 트레이싱지를 이용해 필라 캔들을 1차로 포장한다.

2_1차로 포장된 필라 캔들의 옆면을 넉넉한 크기의 리넨으로 둘둘 말아 감싼다.

3_옆면과 밑면은 깔끔하게 접어 정리한 후 글루건으로 고정시킨다. 윗부분은 길이를 넉넉하게 자르고 남은 자투리 천으로 가볍게 돌려 묶거나 실로 묶어준다.

Materials:

필라 캔들
트레이싱지

Tools:

양면테이프
글루건
글루건 심지(블랙)
실링 스탬프

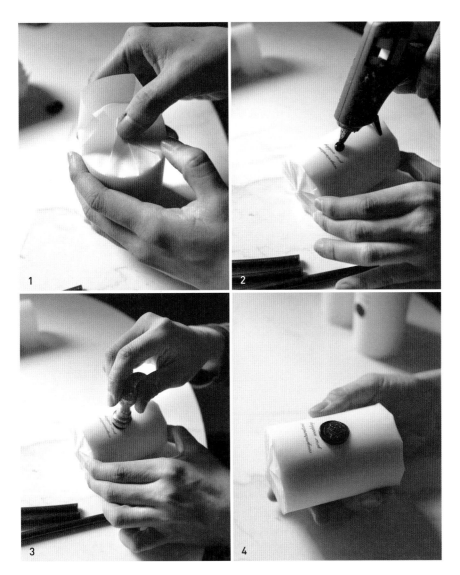

1_ 트레이싱지에 문구를 넣어 인쇄하고 캔들 옆면을 감싸 양면테이프로 고정시킨다. 캔들의 윗면과 아랫면은 가운데 부
　분을 중심으로 접고 양면테이프나 스티커를 이용해 고정시킨다.

2_ 글루건에 블랙 컬러의 글루건 심지를 끼운 후 원하는 위치에 접착제를 충분한 양으로 한 번에 쏜다.

3_ 접착제를 살짝 식힌 후 그 위에 실링 스탬프를 찍는다.

4_ 완전히 굳을 때까지 말린다.

*Perfume
Story*

Lemon

다재다능한 살림꾼, 레몬

레몬 향은 평소에도 흔히 맡을 수 있는 익숙한 향이에요. 기분이 가라앉았을 때, 우울하거나 지쳐있을 때 레몬의 상큼한 향을 맡으면 기분이 한층 좋아진답니다.

레몬은 향뿐만 아니라 다양한 효능이 있어 실생활에서도 여기저기 활용도가 높아요. 살균 효과가 뛰어나 주방이나 욕실 청소할 때 세제와 함께 사용해도 좋고, 코피가 났을 때는 티슈에 에센셜 오일을 한 방울 떨어뜨려 코를 막아주면 멈추는 데 도움이 됩니다. 정맥류에도 도움을 주어 호호바 오일이나 올리브 오일에 에센셜 오일을 3% 비율로 블렌딩하여 마사지하면 좋아요.

CONTAINER
CANDLE

빛을 담은 오브제, 컨테이너 캔들

캔들 중에서 흔히 볼 수 있는 컨테이너 캔들은 컵이나 캔에 들어 있어 사용하기 편하고 왁스가 밖으로 흐르지 않아 안정적으로 즐기기 좋아요. 용기의 모양에 따라 다른 느낌을 낼 수 있고 뚜껑이 있다면 오랫동안 보관해도 향을 잃지 않지요. 공간에 어울리는 모양의 컨테이너를 골라 캔들을 만들고 집안 곳곳에 두면 늘 보던 공간도 새로운 느낌으로 다가올 거예요.

andle

Glass
Container Candle

투명 유리
컨테이너 캔들

투명한 유리병에 담긴 캔들은 가장 심플하고 베이직한 느낌입
니다. 따로 유리 용기를 살 필요 없이 잼이나 과일청을 다 먹고
난 유리병을 깨끗이 닦아 재활용해보세요. 집 안 어느 곳에 두
어도 무난하게 잘 어울려요. 심플한 느낌에 어울리게 에센셜
오일을 블렌딩하지 않고 하나만 넣어보세요. 어떤 향을 넣느
냐에 따라 다양한 느낌을 낼 수 있는 캔들입니다.

Materials:

면 심지(46번)······················1개
심지탭(20×6mm) ···················1개
소이 왁스(컨테이너용) ············· 150g
페티그레인 에센셜 오일············· 15g

Tools:

기본 도구
유리 용기(7×8.3cm) ················ 1개

1_ 심지탭에 코팅한 심지를 끼운 후 롱로우즈를 사용하여 고정시킨다.

2_ 글루건을 사용하여 심지탭의 바닥 면에 접착제를 바른다.

3_ 심지탭을 유리 용기의 바닥 가운데에 붙인다.

4_ 심지 고정대를 사용하여 심지가 용기 가운데에 오도록 고정한다.

5_ 스테인리스 비커에 소이 왁스를 담아 계량한 후 핫플레이트에 올려 녹인다.

6_ 50도로 녹인 왁스에 페티그레인 에센셜 오일을 넣은 후 골고루 섞고 유리 용기에 조심스럽게 붓는다.

7_ 왁스가 완전히 굳으면 심지 고정대를 제거하고 심지를 윗면에서 3~5mm 남기고 잘라준다.

MAKING NOTE

글루건의 접착제 양이 충분하지 않거나 중간에 말라버릴 정도로 천천히 바르면 심지탭이 쉽게 떨어질 수 있다. 또한 유리 용기가 너무 차가울 때, 용기 바닥에 왁스가 묻어 있거나 평평하지 않을 때도 심지탭이 단단히 고정되지 않으니 주의한다.

Green & Yellow
Color Candle

그린 앤드 옐로우
컬러 캔들

캔들에 계절이나 공간에 어울리는 색을 입혀보세요. 싱그러운
그린 컬러나 개나리를 닮은 옐로우 컬러를 사용해 봄에 어울
리는 캔들을 만들었어요. 색깔에 맞춰 어울리는 향을 더한다
면 특별한 디자인이나 컨테이너 없이도 멋스러운 캔들이 완성
될 거예요.

Materials:

면 심지(36번)······················ 3개
심지탭(20×6mm) ·················· 3개
소이 왁스(컨테이너용) ·············· 810g
라임 에센셜 오일··················· 75g
펜넬 에센셜 오일··················· 6g
고체 색소(라임, 골드)············· 약간씩

Tools:

기본 도구
종이컵···························· 3개
유리 용기(6×12cm)················ 3개

1_ 심지탭에 코팅한 심지를 끼운 후 롱로우즈를 사용하여 고정시킨다.

2_ 글루건을 사용하여 심지탭을 용기의 바닥 가운데에 붙인다. 심지 고정대를 사용하여 심지를 용기 가운데에 오도록 고정시킨다.

3_ 스테인리스 비커에 소이 왁스를 담아 계량한 후 핫플레이트에 올려 70도로 녹인다.

4_ 녹인 왁스를 종이컵에 각각 1/3씩 나눠 담고 라임 또는 골드 컬러의 고체 색소를 깎아 넣은 후 섞어준다.

5_ 왁스가 50도로 식으면 블렌딩한 에센셜 오일을 각각 1/3씩 넣어준 후 골고루 섞는다.

6_ 녹인 왁스를 용기에 조심스럽게 붓는다.

7_ 왁스가 완전히 굳으면 심지를 윗면에서 3~5mm 남기고 자른다.

** 녹인 왁스의 온도가 70도보다 낮으면 고체 색소가 잘 녹지 않으므로 주의한다.

** 고체 색소를 깎아 넣은 후 충분히 섞지 않으면 입자가 풀어지지 않고 덩어리째 뭉칠 수 있으므로 주의한다.

Blue Color
Candle

블루 컬러 캔들

파도 소리와 하얀 모래사장에 산호만이 가득했던 오키나와 북
섬 끝 작은 바다. 그 바다 내음과 시원한 향을 담고 싶어 만든
블루 컬러 캔들입니다. 심지에 불을 붙이면 오키나와에서 보
냈던 추억이 되살아날 것만 같아요.

Materials:

면 심지(46번)· · · · · · · · · · · · · · · · · · 3개
심지탭(20×6mm) · · · · · · · · · · · · · · 3개
소이 왁스(컨테이너용) · · · · · · · · · · · 360g
페퍼민트 에센셜 오일 · · · · · · · · · · · ·30g
바질 에센셜 오일· · · · · · · · · · · · · · · ·3g
레몬 에센셜 오일· · · · · · · · · · · · · · · ·3g
고체 색소(더콰이즈 블루, 블랙) · · · · · · 약간씩

Tools:

기본 도구
종이컵· 3개
유리 용기(7×6cm) · · · · · · · · · · · · · · · 3개

1_심지탭에 코팅한 심지를 끼운 후 롱로우즈를 사용하여 고정시킨다.

2_글루건을 사용하여 심지탭을 유리 용기의 바닥 가운데에 붙인다.

3_심지 고정대를 사용하여 심지를 용기 가운데에 오도록 고정한다.

4_스테인리스 비커에 소이 왁스를 담아 계량한 후 핫플레이트에 올려 70도로 녹인다.

5_녹인 왁스를 종이컵에 1/3씩 나눠 담는다. 각 종이컵마다 더콰이즈 블루 컬러의 고체 색소의 양을 다르게 깎아 넣고 골고루 섞어준다.

6_왁스가 50도로 식으면 블렌딩한 에센셜 오일을 각각 1/3씩 나눠 넣어준 후 섞는다.

7_왁스를 유리 용기에 조스럽게 붓는다.

8_왁스가 완전히 굳으면 심지 고정대를 제거하고 심지를 윗면에서 3~5mm 남기고 자른다.

•• 고체 색소는 한꺼번에 많은 양을 넣지 말고 조금씩 나눠 넣는다. 색소를 넣은 왁스를 시약 스푼으로 조금 떠서 찬물에 떨어뜨
  려본 후 원하는 색상보다 흐리다면 색소를 더 넣는다.

•• 색상의 톤을 낮추고 싶다면 블랙 컬러의 고체 색소를 약간 넣는다.

Black
Container Candle

블랙 컨테이너 캔들

블랙은 특별한 색이에요. 어둡고 무거운 느낌이 있으면서도
품위 있고 클래식한 느낌을 주지요. 어떠한 모양이나 장식 없
이 색상만으로도 시크한 느낌을 연출할 수 있어 많은 사람에
게 사랑을 받는 색이에요. 심플한 블랙 컨테이너에 왁스와 심
지도 블랙 컬러로 만들어보세요. 블랙 컬러와 잘 어울리는 우
드 향을 더한다면 블랙 마니아에게는 소장하고픈 캔들이 될
거예요. 심지 하나까지 정성을 들여 만든 캔들에선 신사의 차
분함과 품격이 느껴져요.

Materials:

블랙 심지
면 심지(60번) · · · · · · · · · · · · · · · 1개
따뜻한 물 · · · · · · · · · · · · · · · · · · · 1L
숯가루 · 25g
소금 · 1g
철매염 · 1~2g

블랙 캔들
블랙 심지(60번) · · · · · · · · · · · · · · 2개
심지탭(20×6mm) · · · · · · · · · · · · 2개
소이 왁스(컨테이너용) · · · · · · · · 480g
시더우드 에센셜 오일 · · · · · · · · · 48g
액체 색소(블랙) · · · · · · · · · · · · · · 약간

Tools:

기본 도구
블랙 유리 용기(8×9cm) · · · · · · · · 2개

1_ 스테인리스 볼에 60~80도의 따뜻한 물을 담는다. 숯가루를 넣어 골고루 섞고 소금과 철매염을 넣는다.

2_ 심지를 깨끗한 물에 5분간 행군 후 1에서 만든 숯 물에 5분간 담근다. 이를 3회 반복한 후 물기를 꽉 짠다.

3_ 심지를 그늘에서 말린 후 바싹 마르면 다시 깨끗한 물로 맑은 물이 나올 때까지 행군다. 꼭 짜서 그늘에 말려 준비한다.

4_ 심지탭에 염색한 심지를 끼운 후 롱로우즈를 사용하여 고정시킨다.

5_ 글루건을 사용하여 심지탭을 용기의 바닥 가운데에 붙인다.

6_ 심지 고정대를 사용하여 심지가 용기 가운데에 오도록 고정한다.

7_ 스테인리스 비커에 소이 왁스를 담아 계량한 후 핫플레이트에 올려 녹인다.

8_ 70도로 녹인 왁스에 블랙 컬러의 액체 색소를 넣은 후 잘 섞는다.

9_ 왁스를 스푼으로 조금 떠 찬물에 떨어뜨린 후 색을 확인한다. 원하는 색보다 흐리다면 색소를 더 넣는다.

10_ 왁스가 50도로 식으면 시더우드 에센셜 오일을 넣은 후 골고루 섞는다.

11_ 왁스를 용기에 조심스럽게 붓는다.

12_ 왁스가 완전히 굳으면 심지 고정대를 제거한 후 심지를 윗면에서 3~5mm 남기고 자른다.

MAKING NOTE

•• 숯가루 대신 청대, 강황 등 다양한 천연 염색 재료를 사용하여 심지를 염색할 수 있다.

•• 불투명한 하얀색 소이 왁스에는 고체 색소를 많이 넣어도 짙은 블랙 컬러를 내기 어려우니 액체 색소를 사용하는 것이 좋다.

Leather Container
Wood Wick Candle

가죽 컨테이너
우드윅 캔들

타닥타닥 타는 소리와 나무 향이 매력적인 우드 심지. 나무 냄새가 나는 시더우드 에센셜 오일에 가죽 냄새가 나는 베티베르 에센셜 오일을 더해 가죽 컨테이너와 잘 어울리는 우드윅 캔들을 만들었어요. 캔들을 담은 가죽 컨테이너는 고급스러운 느낌을 주어 시간이 흐를수록 멋스러운 분위기를 자아내지요.

Materials:

우드 심지(M) · 1개
우드 심지(L) · 1개
심지탭(우드 심지용) · · · · · · · · · · · · · · · · 2개
골든 왁스(컨테이너용) · · · · · · · · · · · · · 180g
소이 왁스(컨테이너용) · · · · · · · · · · · · · 180g
시더우드 에센셜 오일 · · · · · · · · · · · · · · 26g
베티베르 에센셜 오일 · · · · · · · · · · · · · · 10g

Tools:

기본 도구
유리 용기(8×9cm, 10×9cm) · · · · · · · · · 1개씩
가죽 컨테이너(9×12cm, 11×12cm) · · · · · 1개씩

1_ 우드 심지를 유리 용기의 높이 보다 0.5~1cm 짧게 자른다.

2_ 우드 심지용 심지탭에 자른 심지를 끼운다.

3_ 글루건을 사용하여 심지탭을 유리 용기의 바닥 가운데에 붙인다.

4_ 스테인리스 비커에 골든 왁스와 소이 왁스를 함께 담아 계량한 후 핫플레이트에 올려 녹인다. 녹인 왁스에 블렌딩한
   에센셜 오일을 넣은 후 골고루 섞어 유리 용기에 조심스럽게 붓는다.
5_ 왁스가 어느 정도 굳었을 때 표면이 깨끗하지 않으면 남은 왁스를 다시 녹여 붓는다.
6_ 왁스가 완전히 굳으면 캔들을 가죽 컨테이너에 담는다.

MAKING NOTE

•• 우드 심지용 심지탭에 심지를 끼울 때 심지가 빠지지 않도록 단단히 끼운다.
•• 골든 왁스와 소이 왁스를 섞어 사용하면 캔들의 발향 강도가 강해진다.
•• 가죽 컨테이너는 가죽 공방에서 직접 만들거나 제작할 수 있다. 유리 용기가 들어갈 정도로 가로는 1cm, 높이는 1~3cm 여유
   롭게 만들면 적당하다.

Reagent
Bottle Candle

시약병 캔들

캔들은 인테리어 소품으로 많이 활용돼요. 유행하는 인테리어 스타일을 알아둔다면 트렌디한 디자인의 캔들을 만드는 데도 도움이 되지요. 최근에는 많은 사람에게 빈티지하고 인더스트리얼 느낌으로 꾸며진 공간이 인기를 얻고 있어요. 오래되고 낡은 느낌, 콘크리트 벽면이나 파이프들이 그대로 노출된 천장과 거친 소품들은 조금 딱딱하고 차갑게 느껴지지만 멋스럽죠. 이런 공간에는 시약병 캔들이 더없이 잘 어울려요. 실험실 한편에 쌓여있는 책 냄새같은 빈티지한 느낌의 향을 넣어 만들어보세요.

Materials:

면 심지(60번) ···················· 1개
심지탭(20×6mm) ················ 1개
소이 왁스(컨테이너용) ·············· 350g
타임 에센셜 오일 ················· 10g
패출리 에센셜 오일 ················ 25g

Tools:

기본 도구
시약병(500ml) ··················· 1개

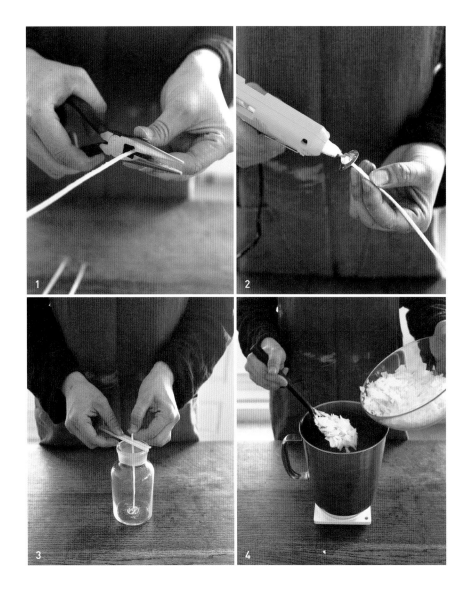

1_ 심지탭에 코팅한 심지를 끼운 후 롱로우즈를 사용하여 고정시킨다.

2_ 글루건을 사용하여 심지탭을 실험병 용기의 바닥 가운데에 붙인다.

3_ 심지 고정대를 사용하여 심지가 용기 가운데에 오도록 고정한다.

4_ 스테인리스 비커에 소이 왁스를 담아 계량한 후 핫플레이트에 올려 녹인다.

5_ 50도로 녹인 왁스에 블렌딩한 에센셜 오일을 넣고 골고루 섞는다.

6_ 왁스를 용기에 조심스럽게 붓고 완전히 굳힌 후 심지를 윗면에서 1~1.5cm 남기고 자른다.

MAKING NOTE

•• 입구가 좁거나 길이가 긴 시약병은 공기가 잘 안 통하기 때문에 캔들을 켰을 때 불꽃이 약하거나 꺼질 수 있으므로 주의한다.

Clay Pot
Candle

토분 캔들

날카로운 추위가 사라지고 겨우내 얼어 있던 흙이 포슬포슬 잠에서 깨어나는 봄이 오면, 토분들을 꺼내 꽂이며 허브를 심어보세요. 마당이나 널따란 정원이 없다 해도 꽃과 허브가 심어진 나만의 작은 정원에서 봄날의 즐거움을 누릴 수 있어요. 그리고 남은 토분 몇 개로는 캔들을 만들어보면 어떨까요? 토분 캔들에 봄날에 어울리는 향기를 담아보세요.

Materials:

면 심지(60번) · · · · · · · · · · · · · · · · · · · 1개
심지탭(20×6mm) · · · · · · · · · · · · · · · · 1개
소이 왁스(컨테이너용) · · · · · · · · · · · · · 160g
로즈메리 에센셜 오일 · · · · · · · · · · · · · · 12g
패출리 에센셜 오일 · · · · · · · · · · · · · · · · 4g
석고 가루 · 15g
정제수 · 5g

Tools:

기본 도구
폼보드(또는 종이 박스) · · · · · · · · · · · · · · · 1개
종이컵 · 1개
토분(9×8cm) · 1개

1_토분 바닥의 물구멍을 막기 위해 폼보드를 물구멍 크기보다 약간 크게 잘라 준비한다.

2_글루건으로 토분 바닥 바깥쪽에 폼보드를 붙인다.

3_종이컵에 석고 가루와 정제수를 3:1의 비율로 담아 섞는다.

4_토분 안쪽에 물구멍이 가려지도록 3을 붓는다. 석고가 흐르지 않을 정도로 마르면 2에서 붙인 폼보드를 떼어낸다.

5_석고가 완전히 굳으면 심지탭에 코팅한 심지를 여유 있게 잘라 끼운 후 롱로우즈를 사용하여 고정시킨다.

6_글루건을 사용하여 심지탭을 토분 바닥의 가운데에 붙인다. 심지 고정대를 사용하여 심지를 용기 가운데에 오도록 고정시킨다.

7_스테인리스 비커에 소이 왁스를 담아 계량한 후 핫플레이트에 올려 녹인다. 50도로 녹인 왁스에 블렌딩한 에센셜 오일을 넣은 후 골고루 섞는다. 왁스를 토분에 조심스럽게 붓고 왁스가 완전히 굳으면 심지 고정대를 제거한다.

MAKING NOTE

** 토분은 불에 잘 타지 않는 소재를 이용한다. 용기 특성상 공기가 통하기 때문에 캔들이 잘 깨질 수 있으니 보관에 유의하고 실온에 두는 것이 좋다.

** 석고가 완전히 마르지 않은 상태에서 심지탭을 붙이면 단단히 고정되지 않고 떨어질 수 있으니 주의한다.

Various
Candle Containers

다양한
캔들 컨테이너

컨테이너 캔들은 같은 색과 향이더라도 어디에 담느냐에 따라 다양한 매력을 가져요. 꼭 캔들 전용 컨테이너가 아니라도 실생활에서 쓰던 다양한 용기를 활용할 수 있어요. 또 직접 컨테이너를 꾸미고 만들면 더욱 특별한 나만의 캔들을 완성할 수 있답니다.

[레터링 컨테이너]

잘 쓰지 않는 도자기 컵이나 그릇들이 하나쯤은 있을 거예요.
공간을 많이 차지하지만 그렇다고 그냥 버리기도 아깝고
누구 주기도 무엇한 도자기로 캔들을 만들어보세요.
기회가 있다면 직접 도자기를 구워 캔들 컨테이너나 홀더를
만들어도 좋답니다. 흙을 조물조물 빚어가며 모양을 잡고
가마에 굽기를 여러 번. 기다림을 거쳐 만들어진, 손맛이 느껴지는
하얀 도자기에 캔들을 담아 불을 붙이면 마음 깊이 고요함과
편안함이 찾아옵니다.

[칠판 컨테이너]

컨테이너 용기에 칠판 페인트를 칠해보세요.
밋밋한 컨테이너를 예술적인 캔버스로 변신시켜준답니다.
간단하게 페인트를 칠하기만 하면 분필로
자유롭게 그림을 그리고 글씨를 쓸 수 있어요.
졸음이 몰려오는 2시 30분.
머리를 맑게 하는 향을 넣은 캔들을 켜고 졸음을 떨쳐내야겠어요.

[금속 컨테이너]

멋을 아는 남자들을 위한 캔들을 만들고 싶었어요.
몇 년 동안 옷장 속에 자리만 차지하고 있던
가죽 가방을 과감하게 잘라 고무망치와 주철로 된 글자
스탬프를 사용하여 문구를 새겨 넣어요.
조금은 비뚤게, 정형화되지 않은 형태로 가죽을 붙여
거칠고 자유로운 느낌의 금속 컨테이너를 완성해보세요.
금속 재질은 캔들을 태울 때 다른 재질의 용기보다
많이 뜨거우니 만지지 않도록 주의해요.

Materials:

레터링 스티커
캔들 용기

Tools:

가위
스카치테이프(또는 마스킹테이프)
레터링 펜

1_ 레터링 스티커를 준비해 글자 주위에 약간씩 공간을 띄우고 자른다.

2_ 용기의 원하는 위치에 스티커를 올리고 스카치테이프나 마스킹테이프를 이용하여 고정시킨다. 이때 글자 위에 테이프를 붙이면 글자가 새겨지지 않으니 주의한다.

3_ 레터링 펜으로 스티커 위를 천천히 한쪽 방향으로 긁어 글자를 새긴다.

4_ 꼼꼼히 긁은 후 2에 붙여두었던 테이프를 살살 떼어 제거한다.

Materials:

도자기 전용 흙

1_ 도자기 전용 흙을 컵 모양으로 빚어 컨테이너를 만든다.

2_ 흙을 넓게 펼쳐 컵 바닥에 붙이면 홀더나 촛대로도 사용할 수 있다.

3_ 빚은 흙을 도자기 공방에 맡겨 굽는다. 흙을 빚는 게 어렵다면 공방에서 기본적인 기술을 배운 후 만들어보는 것도 좋다.

Materials:

유리 용기
젯소(블랙)
칠판 페인트

Tools:

붓
드라이어

1_ 작업대 위에 비닐을 깔고 유리 용기를 깨끗이 닦아 준비한다.

2_ 페인트칠을 하기 전, 페인트의 접착력을 높여주고 색을 선명하게 만들어주는 젯소를 바른다. 다시 덧바르고 말리는
   과정을 2~3회 반복한다.

3_ 젯소가 완전히 마르면 칠판 페인트를 얇게 칠한다. 처음부터 밑바탕이 보이지 않을 정도로 바르면 너무 두껍게 발릴
   수 있으니 주의하고 드라이어로 꼼꼼히 말린다. 페인트를 덧바르고 말리는 과정을 2~3회 반복한다.

4_ 페인트가 완전히 마르면 분필로 그림을 그리거나 문구를 써넣는다.

Materials:

가죽 천
금속 용기

Tools:

가위
주철 스탬프
고무망치
글루건(또는 목공 본드, 강력 접착제)

1_ 가죽 천을 원하는 모양으로 자른다.

2_ 자른 가죽 천 위에 주철로 된 글자 스탬프를 올린 후 고무망치로 두드려 글자를 새긴다.

3_ 글루건을 사용하여 가죽 천을 용기에 붙인다.

Container Candle
Wrapping Idea

컨테이너 캔들
포장 아이디어

정성 들여 만든 캔들은 선물로도 좋은 아이템이에요. 선물할 때 캔들을 어떻게 포장해야 할지 누구나 한 번쯤 고민하지요. 너무 어렵게 생각하지 말아요. 시중에 판매되는 스티커나 예쁜 라벨을 붙여 쉽게 포장할 수 있고, 스티커 용지를 이용하여 나만의 개성 있는 라벨을 만들어볼 수도 있지요. 선물용 상자나 파우치에 담으면, 간단한 방법이지만 캔들을 더욱 돋보이게 해줄 거예요.

Materials:

라벨지
컨테이너 캔들

Tools:

가위

1_라벨지에 에센셜 오일 이름, 좋아하는 문구, 선물을 받을 사람의 이름 등을 넣어 인쇄한다.

2_라벨지를 캔들 용기 가운데에 붙이고 선물용 상자에 담는다. 라벨링은 유리 컨테이너 캔들 포장에 잘 어울린다.

Materials:

패브릭 스티커
컨테이너 캔들

Tools:

가위

1_ 컬러 캔들의 색깔이나 향기에 어울리는 패브릭 스티커를 활용해 컨테이너 옆면을 감싼다.

Materials:

파우치(코튼 혹은 리넨 재질)
스탬프(생략 가능)
패브릭 잉크(생략 가능)
컨테이너 캔들

1_코튼이나 리넨 재질의 파우치에 스탬프를 찍어 꾸민 후 캔들을 담는다. 캔들 용기가 잘 깨지는 재질이라면 포장용 에
    어캡으로 1차 포장한 후 담는 것이 좋다.

Perfume
Story

Citronella

한여름 밤에 어울리는 시트로넬라

시트로넬라 에센셜 오일은 모기 퇴치 효과가 뛰어나요. 모기가 많은 여름철에 시트로넬라 향의 캔들을 켜보세요. 야외 캠핑을 하거나 교외로 여행을 갔을 때 스프레이 타입으로 만들어 뿌리면 효과가 더욱 좋답니다. 악취 제거에도 도움을 주어 발 냄새가 심한 경우 신발에 뿌리거나 안 좋은 냄새가 나는 곳에 뿌려주면 좋아요.

DESIGN
CANDLE

색다른 분위기를 연출하는 디자인 캔들

홈 테라피가 인기를 끌면서 다양한 디자인의 캔들
이 주목받고 있어요. 계절별, 공간별로 어울리는 다
양한 디자인 캔들을 만들어보세요. 얼핏 복잡해 보
이지만 시중에서 쉽게 구할 수 있는 몰드로 만드는
캔들입니다. 직접 실리콘 몰드를 만들면 세상에 하
나뿐인 캔들을 완성할 수 있어요. 심플한 듯 멋스러
운 디자인 캔들은 특별한 날을 더욱 특별하게 만들
어줄 거예요.

Stone
Candle

스톤 캔들

거실에 실내 정원을 꾸미고 온기를 더하기 위해 스톤 캔들을
만들었어요. 스톤 캔들을 만들려고 보니 작은 돌, 큰 돌, 동그
란 돌, 뾰족한 돌, 하얀 돌, 회색 돌, 검은 돌 등 종류가 정말 많
아요. 원하는 돌 모양의 몰드를 구입하거나 없다면 직접 실리
콘 몰드를 만들어 식물이나 정원에 잘 어울리는 스톤 캔들을
만들어보세요. 다육 식물이나 아이비와 함께 두면 싱그러움이
느껴지고 그린 소재의 드라이플라워를 함께 두면 내추럴한 인
테리어를 완성할 수 있어요.

Materials:

면 심지(36번)·····················2개
팜 왁스 ·······················300g
그레이프프루트 프래그런스 오일 ······18g
로즈메리 프래그런스 오일 ··········12g
액체 색소(블랙) ·····················약간

Tools:

기본 도구
스톤 실리콘 몰드(2구, 1구당 50g)········3개
고무줄···························1개
나무 꼬치 ······················1개

1_ 나무 꼬치를 이용하여 실리콘 몰드에 구멍을 뚫고 심지를 구멍에 끼운다.

2_ 몰드에 틈이 생기지 않도록 고무줄로 묶는다.

3_ 스테인리스 비커에 팜 왁스를 담아 계량한 후 핫플레이트에 올려 120도로 녹인다.

4_ 녹인 왁스에 블랙 컬러의 액체 색소를 넣은 후 골고루 섞는다. 녹인 왁스를 물에 떨어뜨려 색을 확인하고 원하는 색이
  나오면 블렌딩한 프래그런스 오일을 넣고 잘 섞는다.

5_ 왁스를 몰드에 조심스럽게 부은 후 굳힌다. 왁스 표면에 수축이 많이 일어나면 남은 왁스를 다시 녹인 후 조금 더 붓
  는다.

6_ 왁스가 완전히 굳으면 고무줄을 제거한 후 몰드에서 캔들을 빼낸다.

<hr>

MAKING NOTE

▸▸ 팜 왁스는 온도가 떨어지면 반짝이는 느낌이 사라진다. 몰드에 붓기 전에 최종 온도가 100도 아래로 떨어지지 않도록 주의한다.

▸▸ 왁스의 온도가 높으므로 에센셜 오일 대신 프래그런스 오일을 사용하는 걸 추천한다.

Taper
Candle

테이퍼 캔들

테이퍼 캔들은 얇고 긴 캔들을 말해요. 모양만으로도 우아함이 느껴지고 멋진 촛대와 함께 사용하면 로맨틱한 분위기를 자아내 파티에서 센터피스로 많이 사용되는 캔들입니다. 테이퍼 캔들은 몰드를 사용해서 만들 수 있지만 몰드를 사용하지 않고도 만들 수 있어요. 여기서는 오래된 캔들 제조 방식인 디핑(dipping) 방법을 이용한 테이퍼 캔들 만들기를 소개해요. 심지를 왁스에 담갔다 뺐다를 반복하면 두께가 점점 두꺼워져 원하는 길이의 캔들을 만들 수 있답니다.

Materials:

면 심지(16번) · 1개
비즈 왁스(정제 타입) · · · · · · · · · · · · · · 1.5kg
액체 색소(블랙) · · · · · · · · · · · · · · · · · · 약간
차가운 물 · 3L

Tools:

기본 도구
나무젓가락 · 1개

1_ 스테인리스 비커에 차가운 물을 담아 준비한다.
2_ 스테인리스 비커에 비즈 왁스를 담아 계량한 후 핫플레이트에 올려
　녹인다.
3_ 녹인 왁스에 블랙 컬러의 액체 색소를 넣고 골고루 섞는다.

4_ 심지를 만들고자 하는 캔들 길이의 1.5배 길이로 길게 자르고 끝부분을 나무젓가락에 두 번 묶는다.

5_ 나무젓가락을 수평으로 잡고 녹인 왁스에 심지를 빠르게 담갔다 뺀다.

6_ 심지를 차가운 물로 옮겨 다시 빠르게 담갔다 뺀다. 물기를 제거하며 4~5 과정을 여러 번 반복한다.

7_ 계속 반복하면 물방울처럼 아래 부분의 왁스가 길어진다. 길어진 부분은 가위로 잘라가며 작업한다. 두께가 일정한
　 테이퍼 캔들을 원하면 심지를 거꾸로 돌려 두꺼운 부분을 잡고 4~5 과정을 반복한다.

8_캔들의 지름이 2~2.5cm 두께가 되면, 캔들을 식힌 후 가위나 칼로 캔들의 위아래 부분을 평평하게 자른다.

9_칼로 매끄럽지 않은 표면을 다듬는다.

- 정제되지 않은 비즈 왁스를 대신 사용하면 노란 테이퍼 캔들을 만들 수 있다.
- 스테인리스 비커는 만들고자 하는 캔들 길이보다 높이가 높은 것으로 준비한다. 심지를 억지로 집어넣으면 캔들이 부러질 수 있다.
- 왁스의 온도가 너무 낮은 상태에서 디핑을 하면 모양이 지저분하게 나올 수 있으므로 왁스가 식으면 재가열하거나 중탕하며 캔들을 만든다.
- 왁스의 양이 줄어든 만큼 중간중간 녹인 왁스를 채워줘야 길이가 일정한 캔들을 만들 수 있다.
- 물방울 모양으로 길어지는 부분을 잘라주지 않으면 캔들의 두께가 그만큼 짧아지고 원뿔 모양의 캔들이 될 수 있으니 주의한다. 자를 때는 캔들이 아직 뜨거우므로 휘거나 부러지지 않도록 캔들을 수직으로 들고 가위를 수평으로 눕혀 잘라준다.
- 왁스를 반복해 녹이면서 향이 많이 약해지기 때문에 에센셜 오일보다는 프래그런스 오일을 추천한다.

Bee's Sheet
Candle

비즈 시트 캔들

가장 빠르고 간단하게 만들 수 있는 비즈 시트 캔들. 얇은 시트
로 만들어진 비즈 왁스에 심지를 넣어 돌돌 말면 완성이에요.
가열 기구를 사용하지 않아 안전하고, 만들기 쉬워 아이들과
함께 만들기에도 좋아요. 빈티지한 캔들 홀더에 꽂아두면 캔
들의 매력이 고스란히 느껴집니다. 앤티크한 금빛 촛대와 노
란 비즈 시트로 만든 캔들은 18세기 유럽의 느낌이 나기도 해
요. 비즈 시트 왁스를 가로 또는 세로로 말거나 여러 개를 이어
말아 캔들의 길이와 두께를 조절할 수 있어요. 비즈 시트 왁스
를 작게 잘라 만들면 얇은 생일 초도 만들 수 있지요.

Materials:

면 심지(16번) · 1개
비즈 왁스(시트 타입) · · · · · · · · · · · · · · · 1장

Tools:

가위
드라이어

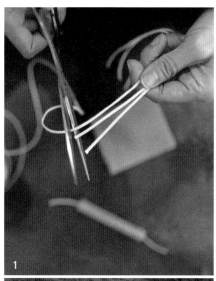

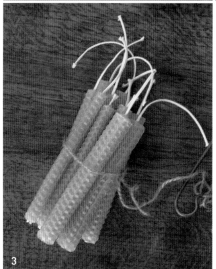

1_ 심지를 비즈 시트보다 길게 잘라준다. 사진 속 비즈 시트는 10×
24.7cm 길이이다.

2_ 시트에 드라이어로 열을 살짝 가해 부드럽게 만든다. 시트 끝에 심지
를 올려놓고 시트를 돌돌 말아 심지를 감싼다.

3_ 끝부분은 손으로 꾹꾹 눌러 고정시켜 마무리한다.

MAKING NOTE

•• 비즈 왁스는 정제한 후 여러 가지 색을 입히기도 한다. 노란색 말고도 다양한 색상의 비즈 시트로 캔들을 만들어도 좋다.

•• 비즈 시트는 여름에는 부드럽지만, 겨울에는 딱딱하여 심지를 말다가 부러질 수 있으므로 드라이어로 부드럽게 녹인 후 말아
준다.

•• 비즈 시트를 너무 느슨하게 말거나 끝부분을 잘 눌러주지 않으면 풀어질 수 있으므로 주의한다.

Cinnamon
Candle

시나몬 캔들

겨울에 특히 좋아지는 것을 떠올리면 호호 불며 먹는
달콤한 호빵과 군고구마, 핫초코와 뱅쇼, 그리고 따
뜻한 불빛의 캔들이 있어요. 추운 겨울과 잘 어울리는
시나몬 향, 오렌지 향을 넣고 시나몬 스틱으로 장식
한 겨울 캔들을 만들어보세요. 따뜻한 성질을 가진 시
나몬 향이 추운 겨울을 포근하게 만들어줄 거예요. 온
집 안에 은은하게 감도는 달콤 씁싸래한 향이 기분을
좋게 만들어요.

Materials:

면 심지(46번)······················· 1개
소이 왁스(필라용) ················· 280g
시나몬 에센셜 오일················· 14g
오렌지 에센셜 오일················· 14g
시나몬 스틱 ··················· 15~20개
이형제························· 약간

Tools:

기본 도구
꽃가위
사각 PC 몰드(10×10cm) ············· 1개

1_ 시나몬 스틱은 10cm 이상으로 잘라 준비한다. 꽃가위를 이용하면 단면을 깔끔하게 자를 수 있다.

2_ 이형제를 잘 흔들어 몰드 안쪽에 골고루 뿌린다.

3_ 코팅한 심지를 몰드 바닥에 뚫린 구멍을 통해 끼운 후 다부치로 입구를 꼼꼼히 막는다.

4_ 스테인리스 비커에 소이 왁스를 담아 계량한 후 핫플레이트에 올려 녹인다.

5_ 블렌딩한 에센셜 오일을 넣고 헤라로 골고루 섞어준다.

6_ 몰드에 왁스를 2cm정도 부어준 후 왁스가 살짝 굳기 시작하면 시나몬 스틱을 차례로 꽂는다.

7_ 심지 고정대를 사용하여 심지를 몰드 가운데에 오도록 고정한다.

8_ 시나몬 스틱이 안 움직일 정도로 왁스가 굳으면 2차로 나머지 왁스를 몰드 끝에서 0.5cm 남기고 부어준다.

9_ 2차로 부은 왁스가 굳으면 남은 왁스를 다시 녹인 후 몰드 끝까지 부어 표면을 깨끗이 마무리한다.

10_ 왁스가 완전히 굳으면 심지 고정대를 제거한 후 심지를 당겨 캔들을 빼낸다. 심지를 잘라 정리한다.

MAKING NOTE

* 1차로 왁스를 부을 때 왁스 온도를 약 50도로 맞춘 후 붓는다. 왁스의 온도가 너무 높으면 시나몬 스틱이 쓰러지고 너무 낮으면 스틱을 다 꽂기 전에 왁스가 굳을 수 있으므로 주의한다.

* 2차로 부을 때 왁스의 온도를 약 70도로 맞춘 후 빠르게 부어준다. 온도가 너무 낮거나 천천히 부으면 시나몬 스틱 안쪽으로 왁스가 들어가지 않아 빈 공간이 생길 수 있으므로 주의한다.

* 3차로 부을 때 왁스의 온도를 약 50도로 데워 붓는다.

Pine Cone
Candle

솔방울 캔들

요즘에는 사계절 언제나 리스를 만들지만, 그래도 겨울과 가장 잘 어울리는 센터피스를 꼽자면 리스를 빼놓을 수 없겠죠. 리스와 잘 어울리는 솔방울 캔들도 함께 만들며 겨울에 누릴 수 있는 즐거움을 찾아보세요. 솔방울 캔들을 켜고 마른 나뭇가지와 드라이플라워로 리스를 만들며 겨울날의 시간을 즐겨보세요.

Materials:

면 심지(60번) · 1개
비즈 왁스(정제 타입) · · · · · · · · · · · · · · · 80g
파인 에센셜 오일 · · · · · · · · · · · · · · · · · · · 5g
주니퍼베리 에센셜 오일 · · · · · · · · · · · · · 3g
고체 색소(브라운, 러스트, 블랙) · · · · · · 약간씩

Tools:

기본 도구
솔방울 실리콘 몰드 · · · · · · · · · · · · · · · 1개
고무줄 · 1개
나무 꼬치 · 1개

1_ 나무 꼬치를 이용하여 실리콘 몰드에 구멍을 뚫고 심지를 구멍에 끼운다.

2_ 몰드를 뒤집어 심지를 빼낸다.

3_ 몰드에 틈이 생기지 않도록 고무줄로 묶어준다.

4_ 심지 고정대를 사용하여 심지를 몰드 가운데에 오도록 고정시킨다.

5_ 스테인리스 비커에 비즈 왁스를 담아 계량한 후 핫플레이트에 올려 녹인다. 고체 색소를 칼로 깎아 넣고 골고루 섞는다. 원하는 색상이 나오면 블렌딩한 에센셜 오일을 넣고 잘 저어준다.

6_ 녹인 왁스를 몰드에 조심스럽게 부은 후 굳힌다. 왁스 표면에 수축이 많이 일어나면 남은 왁스를 다시 녹여 부어준다.

7_ 왁스가 완전히 굳으면 심지 고정대와 고무줄을 제거한 후 몰드를 벌려 캔들을 빼낸다.

•• 솔방울은 모양 특성상 사이사이에 틈이 많아 몰드에서 캔들을 꺼낼 때 깨지기 쉽다. 정제된 비즈 왁스로만 만들거나 표준 파라핀 왁스를 약간 첨가하면 왁스의 경도를 높일 수 있다.

•• 러스트 컬러는 붉은 톤의 밤색에 가깝고 브라운 컬러는 붉은 톤이 없는 밤색이다. 고체 색소의 양을 조절하여 원하는 색을 만든다.

•• 블랙 컬러의 고체 색소는 색을 어둡게 만드는 역할을 하는데, 너무 많이 넣으면 짙은 블랙 톤으로 색이 바뀌므로 주의한다.

Christmas Tree
Candle

크리스마스트리 캔들

해마다 친구들 집에서 차례로 돌아가며 열리는 크리스마스 파
티. 올해는 제 차례예요. 큰 트리를 화려한 오너먼트로 장식하
고 싶었지만 비용도 많이 들고 공간도 많이 차지해서 고민하
던 중, 트리 캔들을 만들어보았어요. 반짝이는 작은 전구, 오
너먼트 몇 개를 걸어둔 작은 나뭇가지, 그리고 케이크까지 준
비하니 친구들로부터 크리스마스를 분위기를 낼 수 있는 멋진
아이디어라고 칭찬받았지요. 찾아보면 큰 비용을 들이지 않고
서도 공간을 꾸밀 수 있는 방법들이 많답니다.

Materials:

면 심지(46번)······················ 1개
소이 왁스(필라용) ·············· 420g
오렌지 에센셜 오일··············· 25g
시더우드 에센셜 오일············· 15g
클로브 에센셜 오일················· 2g
고체 색소(헌터 그린, 라임, 블랙) ······ 약간씩

Tools:

기본 도구
트리 실리콘 몰드··················· 1개
나무 꼬치 ························· 1개
고무줄··························· 1개

1_ 나무 꼬치를 이용하여 심지를 몰드 구멍에 끼운다.

2_ 몰드에 틈이 생기지 않도록 고무줄로 묶는다.

3_ 심지 고정대를 사용하여 심지를 몰드 가운데에 오도록 고정시킨다.

4_ 스테인리스 비커에 왁스를 담아 계량한 후 핫플레이트에 올려 녹인다.

5_ 헌터 그린, 라임 컬러의 고체 색소를 깎아 넣어준 후 골고루 섞는다.

6_ 짙은 색을 원한다면, 블랙 컬러의 고체 색소를 조금 넣어 왁스의 색을 어둡게 만든다.

7_ 녹인 왁스를 물에 떨어뜨려 색을 확인하고 원하는 색이 나오면 블렌딩한 에센셜 오일을 넣고 골고루 섞는다.

8_ 왁스를 몰드에 조심스럽게 부은 후 굳힌다.

9_ 왁스 표면에 수축이 많이 일어나면 남은 왁스를 다시 녹여 붓는다.

10_ 왁스가 완전히 굳으면 심지 고정대와 고무줄을 제거한 후 캔들을 빼낸다.

MAKING NOTE

•• 화이트 컬러의 트리를 만들고 싶다면 고체 색소를 생략한다.

•• 실리콘 몰드로 만드는 입체감 있는 디자인 캔들은 굳는 데 시간이 오래 걸리니 충분히 여유를 두고 만든다.

Wool
Candle

털실 캔들

폭신하고 두꺼운 털실로 짠 모자와 바구니에 담긴 털실. 보기
만 해도 따뜻해지는 겨울 소품이에요. 털실 캔들은 겨울용 오
브제로 훌륭한 캔들 중 하나랍니다.

Materials:

면 심지(60번) · 1개
팜 왁스 ·130g
시트러스버베나 프래그런스 오일 · · · · · ·10g
베티베르 에센셜 오일 · · · · · · · · · · · · · · · ·3g
액체 색소(블랙) · · · · · · · · · · · · · · · · · · · 약간

Tools:

기본 도구
털실 실리콘 몰드 · · · · · · · · · · · · · · · · · · 1개
나무 꼬치 · 1개
고무줄 · 1개

1_ 나무 꼬치를 이용하여 실리콘 몰드에 심지를 끼운다.

2_ 몰드에 틈이 생기지 않도록 고무줄로 묶어준다.

3_ 심지 고정대를 사용하여 심지를 몰드 가운데에 오도록 고정시킨다.

4_ 스테인리스 비커에 왁스를 담아 계량한 후 핫플레이트에 올려 120도로 녹인다.

5_ 녹인 왁스에 블랙 컬러의 액체 색소를 넣고 골고루 섞어준다.

6_ 녹인 왁스를 물에 떨어뜨려 색을 조절한다.

7_ 원하는 색이 나오면 블렌딩한 오일을 넣고 골고루 섞어준다.

8_ 왁스를 몰드에 조심스럽게 부은 후 굳힌다.

9_ 왁스 표면에 수축이 많이 일어나면 남은 왁스를 다시 녹여 부어준다.

10_ 왁스가 완전히 굳으면 심지 고정대와 고무줄을 제거한 후 캔들을 빼낸다.

•• 털실 몰드는 시중에 판매하는 실리콘 몰드를 사용하거나 직접 만들어 사용한다. 직접 만들 때 털실은 실리콘이 묻어 만들 수
없으므로 나무, 석고, 도자기 등으로 털실 모형을 만들고 이를 본으로 사용하여 몰드를 제작한다.

Christmas
Ornament Candle

크리스마스
오너먼트 캔들

캔들이나 비누 메이킹 몰드를 이용하여 크리스마스 오너먼트
를 만들고 심지를 길게 잘라 크리스마스트리에 달아보세요.
핸드메이드 감성이 느껴지는 오너먼트는 따뜻한 멋이 있답니
다. 심지를 잘라 캔들로도 활용할 수 있어요.

Materials:

면 심지(26번)······················· 1개
소이 왁스(필라용) ················ 300g
비즈 왁스(정제 타입) ··············· 200g
레몬 프래그런스 오일··············· 25g
유칼립투스 프래그런스 오일·········· 15g
샌들우드 프래그런스 오일··········· 10g
이형제······················· 약간

Tools:

기본 도구
트리 티라이트 몰드(4×5×2cm) ······· 10개
종이컵··························· 1개
나무 꼬치························· 1개
자······························· 1개

1_ 스테인리스 비커에 소이 왁스와 비즈 왁스를 담아 계량한 후 핫플레
이트에 올려 녹인다.

2_ 이형제를 잘 흔들어 몰드 안쪽에 골고루 뿌려준다.

3_ 녹인 왁스에 블렌딩한 오일을 넣고 골고루 섞어준다. 종이컵에 녹인
왁스를 덜어 몰드에 1/3만 부어준다.

4_ 왁스가 완전히 굳으면 몰드 뒷면을 눌러 빼낸다.

5_ 트리 모양의 가운데에 자를 대고 나무 꼬치 뒷부분으로 선을 따라 긁어 심지가 들어갈 구멍을 낸다. 총 5개의 트리 오
    너먼트에만 심지 구멍을 만든다.

6_ 심지를 30cm 길이로 자르고 끝부분을 한 번 묶어준다.

7_ 심지를 5에서 만든 구멍에 넣어 튀어 나오는 부분이 없는지 확인한다.

8_ 7에 심지 구멍을 내지 않은 다른 트리 오너먼트를 겹친다.

9_ 트리 모양의 윗부분을 손으로 잡고 남은 왁스에 담갔다 뺀다. 왁스가 굳으면서 두 개의 오너먼트가 서로 붙는다.

10_ 심지를 잡고 다시 한 번 왁스에 담갔다 뺀다.

11_ 나뭇가지나 트리에 달아 활용하거나 심지 길이를 잘라 캔들로 사용한다.

•• 소이 왁스와 비즈 왁스를 섞어 만들면 캔들이 단단해져 심지 구멍을 낼 때 깨지지 않는다.

•• 오너먼트 2개가 세트로 하나의 캔들이 만들어진다.

•• 남은 왁스가 식었을 경우 다시 데워 사용한다.

•• 왁스에 오너먼트를 디핑할 때 온도가 너무 낮거나 너무 천천히 담갔다 빼면 표면이 깨끗하지 않을 수 있으니 주의한다.

Gelo
Candle

젤로 캔들

마카롱, 까눌레, 에클레어, 젤로. 모두 디저트 이름들이에요.
디저트의 인기가 높아지면서 디저트 전문 카페도 많이 볼 수
있어요. 달콤함과 사랑스러운 모양으로 유혹하는 디저트를 뿌
리치기 힘들다면, 디저트 캔들로 대리 만족하세요. 맛있는 음
식과 함께 올려진 디저트 캔들은 멋진 테이블 세팅에도 한몫
하지만 따뜻한 불빛으로 그 시간을 더욱 포근하게 만들어줄
거예요.

Materials:

면 심지(46번)······················· 3개
심지탭(12×6mm)···················· 3개
소이 왁스(컨테이너용) ··············270g

Tools:

기본 도구
젤로 틴 몰드(7.6×5cm) ·············· 3개

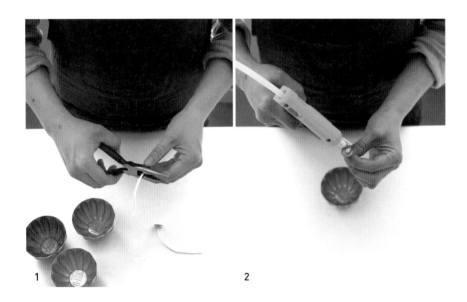

1   2

1_ 심지탭에 코팅한 심지를 끼운 후 롱로우즈를 사용하여 고정시킨다.

2_ 글루건을 사용하여 심지탭 바닥면에 접착제를 바른다.

3_ 심지탭을 몰드의 바닥 가운데에 붙인다.

4_ 심지 고정대를 사용하여 심지를 몰드 가운데에 오도록 고정시킨다.

5_ 스테인리스 비커에 소이 왁스를 담아 계량한 후 핫플레이트에 올려 녹인다.

6_ 녹인 왁스를 몰드에 조심스럽게 붓는다. 완전히 굳으면 심지를 윗면에서 3~5mm 남기고 자른다.

3

4

5

6

•• 음식과 함께 테이블에 올려놓는 캔들은 음식의 맛에 방해되지 않도록 무향으로 만드는 것을 추천한다.

Cannele
Candle

까눌레 캔들

까눌레는 옆면에 세로 주름이 잡힌 구움과자예요. 프랑
스 디저트로 겉은 바삭하고 속은 촉촉해서 요즘 인기
있는 디저트 중 하나랍니다. 대부분 까눌레는 노란 갈
색빛을 띠기 때문에 정제되지 않은 비즈 왁스로 캔들을
만들면 꼭 닮은 디저트 캔들을 완성할 수 있답니다. 촛
불을 밝혀 까눌레의 따스한 빛깔을 감상해보세요.

Materials:

면 심지(60번) · 1개
심지탭(20×6mm) · · · · · · · · · · · · · · · · · · 1개
비즈 왁스(비정제 타입) · · · · · · · · · · · · 200g

Tools:

기본 도구
까눌레 틴 몰드(5.5×5cm) · · · · · · · · · · · · 3개

1

2

3

1_ 심지탭에 심지를 끼운 후 롱로우즈를 사용하여 고정시킨다.

2_ 글루건을 사용하여 심지탭을 몰드의 바닥 가운데에 붙인다.

3_ 심지 고정대를 사용하여 심지를 몰드 가운데에 오도록 고정한다.

4_ 스테인리스 비커에 비즈 왁스를 담아 계량한 후 핫플레이트에 올려
   녹인다.

5_ 녹인 왁스를 몰드에 조심스럽게 붓는다.

6_ 왁스가 완전히 굳은 후 움푹 파인 부분에 2차로 남은 왁스를 다시
   녹여 부어준다.

7_ 왁스가 완전히 굳은 후 심지를 윗면에서 3~5mm 남기고 자른다.

4

5

6

7

•• 틴 몰드 대신 실리콘 몰드를 써도 좋다. 틴 몰드로 만들면 컨테이너 캔들로 활용할 수 있고 실리콘 몰드를 사용하면 144쪽 사진과 같은 입체감 있는 까눌레 캔들을 만들 수 있다.

•• 비즈 왁스 대신 필라용 소이 왁스나 팜 왁스를 대신 사용할 수 있다.

Various
Silicon Moulds

다양한 실리콘 몰드

캔들이나 오너먼트 방향제 등을 만들 수 있는 몰드는 시중에서도 쉽게 구입할 수 있지만 특별한 디자인이나 나만의 캔들, 오너먼트를 만들고 싶다면 실리콘으로 직접 다양한 모양의 몰드를 만들어보세요. 평면 몰드와 입체 몰드를 만드는 방법 모두 알려드릴게요. 실리콘 몰드는 나무, 돌, 도자기, 비누 등 다양한 소재로 본을 떠서 만들 수 있답니다. 또한, 디자인을 의뢰하여 모형을 제작해주는 곳도 많으니 나만의 특별한 몰드를 제작해보세요.

Materials:

평면 모형(장식품, 피규어 등)
다우코닝 실리콘
경화제

Tools:

가위(또는 칼)
폼보드
종이컵
헤라
드라이어

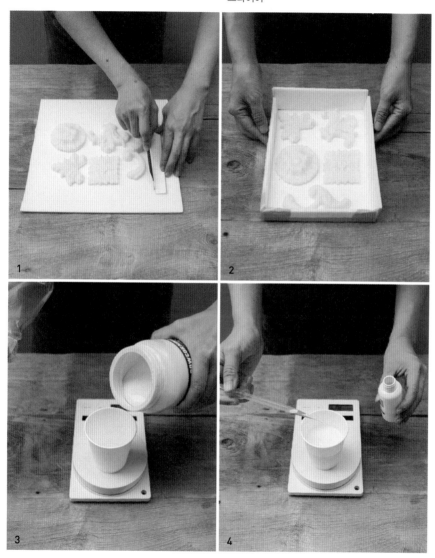

1_본을 뜨고자 하는 평면 모형을 준비하고 모형이 충분히 들어갈만한 크기로 폼보드를 잘라 상자를 만든다.

2_박스테이프를 붙여 틈을 막아 준다. 상자 안에 사이사이 간격을 띄워 모형을 담는다.

3_폼보드 안에 모형이 잠길 정도로 물을 담아보고 그 양의 2배가 되는 실리콘을 준비한다. 먼저 1/4만 종이컵에 담아 계량한다.

4_종이컵에 담긴 실리콘 양의 5%의 경화제를 넣는다.

5_ 헤라로 골고루 섞는다.

6_ 5를 1차로 모형이 살짝 덮일 정도로만 골고루 부어준다.

7_ 드라이어로 기포를 없애준다. 굳을 때까지 잠시 둔다.

8_ 완전히 굳으면 남은 실리콘과 그 양의 5%의 경화제를 섞어 모형 위로 1~2cm 올라오도록 덮어준다.

9_실리콘이 완전히 굳은 후 폼보드를 잘라 제거한다.

10_폼보드를 제거한 후 뒤집으면 사진과 같은 모습으로 몰드가 완성된다.

11_실리콘 가장자리를 눌러가며 평면 모형을 분리한다.

12_가위를 이용하여 실리콘 몰드를 정리한다. 세제를 이용하여 깨끗이 닦아 말린 후 사용한다.

Materials:

입체 모형(솔방울, 돌 등)
다우코닝 실리콘
경화제

Tools:

가위(또는 칼)
폼보드
종이컵
헤라
드라이어

1_본을 뜨고자 하는 입체 모형을 준비한다. 나중에 실리콘이 잘 떨어질 수 있도록 모형 사이사이에 기름칠을 한다.

2_모형이 들어갈만한 크기로 폼보드를 잘라 상자를 만들고 박스테이프를 붙여 틈을 막아준다. 상자 안에 모형을 넣는다.

3_폼보드 안에 모형이 잠길 정도록 물을 담아 그 양의 2배가 되는 실리콘을 준비한다. 먼저 1/4만 종이컵에 담고 그 양의 5%의 경화제를 담고 골고루 섞는다. 모형이 살짝 덮일 정도로 골고루 부어준다.

4_ 드라이어로 기포를 없애준다. 1차로 부은 실리콘이 굳으면 남은 실리콘과 그 양의 5%의 경화제를 섞어 모형 위로
　　1~2cm 올라오도록 덮어준다.

5_ 실리콘이 완전히 굳은 후 폼보드를 잘라 제거한다.

6_ 억지로 뜯어내면 몰드가 찢어질 수 있으므로 칼을 이용하여 일자로 실리콘 가운데 지점부터 잘라 입체 모형을 분리
　　한다.

7_ 세제로 깨끗이 닦아 말린 후 사용한다. 몰드를 보관할 때는 고무줄로 묶어 먼지가 들어가지 않도록 보관한다.

Eucalyptus

매력적인 상쾌함, 그린 유칼립투스

요즘에는 한국에서도 유칼립투스를 종류별로 만나볼 수 있어요. 동글동글한 잎 모양을 가진 유칼립투스는 최근에 꽃다발이나 리스 소재로 많이 사랑받고 있습니다. 유칼립투스는 호흡기 질환에 효과가 좋아요. 비염이 있거나 코감기에 걸렸을 때 유칼립투스 에센셜 오일을 티슈에 한 방울 떨어뜨려 향을 맡거나 유칼립투스 향의 캔들 또는 디퓨저를 집 안에 발향시켜보세요. 에센셜 오일(1~3% 비율)로 만든 밤을 캐리어 오일과 섞어 목, 가슴, 등 부분에 발라도 가벼운 감기에 큰 효과를 볼 수 있을 거예요.

PART2

SCENTED
ORNAMENT

머물고 싶은 공간으로
만들어 줄 오너먼트
방향제&디퓨저

AIR
FRESHENER

향기를 품은 석고 방향제&왁스 태블릿

석고 방향제와 왁스 태블릿은 방향제이면서 장식품으로도 훌륭한 소품이에요. 향기가 필요한 곳에 놓고 눈과 코로 즐겨보세요. 석고 방향제는 석고가 가진 제습 효과 덕분에 옷장이나 서랍 등에 넣어두면 좋아요. 왁스 태블릿은 어딘지 밋밋해 보이는 공간, 은은한 향기가 필요한 곳에 걸어두고 사용해보세요. 좁은 곳에서는 오랫동안 향기를 뿜어내고, 바람이 잘 드는 곳에서는 은은한 향을 냅니다.

White Plaster
Ornament

화이트 석고
오너먼트

예쁜 모양과 은은한 향으로 사랑받는 석고 방향제. 머금고 있
던 향을 천천히 뿜어내는 점이 참 매력적이에요. 우아하고 클
래식한 문양의 화이트 석고 오너먼트는 프렌치 스타일의 공간
과 잘 어울리며 웨딩 선물로도 좋아요.

Materials:

정제수 ·100g
석고 가루 · 300g
로즈 프래그런스 오일 · · · · · · · · · · · · · · ·20g
올리브 리퀴드 ·20g

Tools:

기본 도구
종이컵 · 1~2개
실리콘 몰드(5구) · · · · · · · · · · · · · · · · · · · 1개

1_ 종이컵에 정제수를 담아 계량한다.

2_ 석고 가루를 정제수가 담긴 종이컵에 넣어 계량한다.

3_ 석고 가루가 정제수를 머금을 수 있도록 헤라로 살살 저어 섞는다.

4_ 로즈 프래그런스 오일을 넣어준다.

5_ 올리브 리퀴드를 넣는다.

6_ 재료들이 골고루 섞이도록 헤라로 저어준다.

7_ 실리콘 몰드에 6을 조심스럽게 붓는다. 석고가 완전히 굳으면 몰드
　　에서 제거한 후 2~3일간 더 건조시킨다.

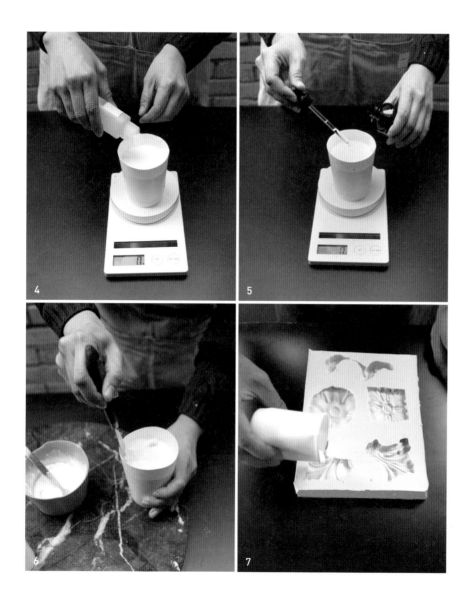

- 석고 가루는 방향제용으로 나온 제품을 구입하여 사용한다.
- 정제수와 석고 가루의 비율은 1:3이다.
- 천연 에센셜 오일은 향이 잘 나지 않을 수 있으므로 강한 향을 원한다면 프래그런스 오일을 사용한다.
- 프래그런스 오일은 석고와 물을 합한 무게의 5%를 넣는 게 적당하다.
- 올리브 리퀴드는 프래그런스 오일과 석고액이 잘 섞이도록 도와주는 역할로 프래그런스 오일과 같은 양을 넣는 게 적당하다.
- 프래그런스 오일의 무게가 가벼워 아랫부분까지 잘 섞이지 않을 수 있으므로 종이컵 2개를 준비해서 왔다 갔다 옮겨가며 섞는다.

Owl Perfume
For Car

부엉이 차량용
방향제

많은 시간 운전하는 분들에게 차는 중요한 공간이에요. 시중에서 판매하는 차량용 방향제를 사용하고 며칠 동안 두통에 시달린 경험이 있다면 직접 방향제를 만들어 사용해보세요. 그린티 프래그런스 오일을 사용하면 상큼한 과일 향과 푸른 잎사귀 향을 모두 느낄 수 있을 거예요.

Materials:

정제수 · 120g
석고 가루 · 360g
숯가루 · 약간
그린티 프래그런스 오일 · · · · · · · · · · · · 24g
올리브 리퀴드 · · · · · · · · · · · · · · · · · · · 24g

Tools:

기본 도구
종이컵 · 1개
부엉이 실리콘 몰드(6구) · · · · · · · · · · · 1개
차량용 클립 · 6개

3

4

5

1_ 종이컵에 정제수와 석고 가루를 차례로 담아 계량한다.

2_ 석고 가루가 정제수를 머금을 수 있도록 헤라로 저어 섞는다.

3_ 숯가루를 넣고 골고루 섞어 회색을 낸다.

4_ 그린티 프래그런스 오일과 올리브 리퀴드를 넣어 골고루 섞은 후 부
엉이 모양 실리콘 몰드에 조심스럽게 붓는다.

5_ 석고액의 표면이 굳기 전, 차량용 클립을 가운데에 올려 넣는다. 석
고액이 완전히 굳으면 클립을 넣을 때 석고가 깨질 수 있고 반대로
석고액이 너무 무르면 클립이 가라앉으니 주의한다.

6_ 석고가 완전히 굳으면 몰드에서 제거한 후 2~3일간 더 건조시킨다.

Marble
Plaster Ornament

마블 석고 오너먼트

베이스 색상인 흰 석고에 회색을 넣어 마블 무늬를 만들어보
세요. 마블 특유의 신비롭고 고급스러운 느낌이 공간을 분위
기 있게 만들어준답니다. 대리석 모양이 여름과 잘 어울리므
로 에센셜 오일도 상큼하고 청량한 향으로 골라보세요.

Materials:

정제수 · 40g
석고 가루 · · · · · · · · · · · · · · · · · · · 120g
숯가루 · 약간
라임 에센셜 오일 · · · · · · · · · · · · · · · · · 12g
스피아민트 에센셜 오일 · · · · · · · · · · · 4g
올리브 리퀴드 · · · · · · · · · · · · · · · · · · 16g

Tools:

기본 도구
종이컵 · 2개
별 실리콘 몰드(10×10×1.5cm) · · · · · · · 1개
육각형 실리콘 몰드(7.2×6.5×3.3cm) · · · · 1개

3

5

1_ 종이컵에 정제수와 석고 가루를 넣는다. 석고 가루가 정제수를 머금을 수 있도록 헤라로 저어 섞는다.

2_ 블렌딩한 에센셜 오일과 올리브 리퀴드를 넣고 재료들이 골고루 섞이도록 헤라로 저어준다.

3_ 다른 종이컵에 2를 조금 덜어 담는다. 숯가루를 넣고 헤라로 섞어 회색을 낸다.

4_ 회색 반죽을 흰 석고 반죽에 조금씩 떨어뜨리듯 붓는다.

5_ 헤라로 가볍게 섞은 후 실리콘 몰드에 부어 자연스럽게 마블 모양이 생기도록 한다. 석고가 완전히 굳으면 몰드에서
    제거한 후 2~3일간 더 건조시킨다.

MAKING NOTE

•• 석고액의 양이 적을 경우 빨리 굳을 수 있으므로 작업을 빠르게 한다.

•• 숯가루 대신 블랙 컬러의 수채화 물감을 사용해도 좋다.

•• 석고액을 몰드에 붓고 적당한 위치에 빨대를 꽂아두면 끈을 걸 수 있는 구멍을 깔끔하게 만들 수 있다. 석고가 완전히 굳으면
    빨대를 제거한다.

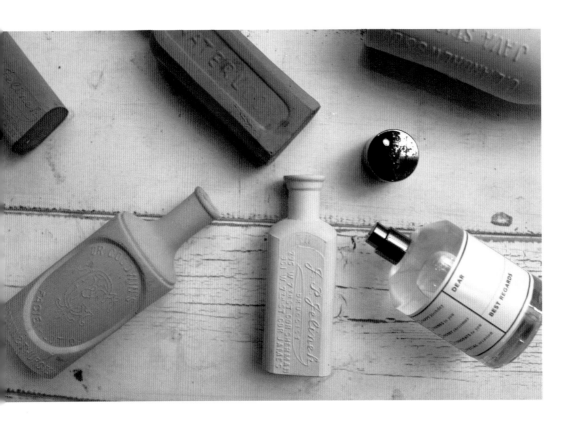

Vintage Bottle
Perfume

빈티지 보틀 방향제

석고 방향제는 처음부터 향을 넣어 만들거나 나중에 향을 뿌려 사용해요. 석고 방향제의 향이 사라져도 필요할 때 에센셜 오일을 한두 방울 떨어뜨리거나 뿌려서 향을 입힐 수 있답니다. 빈티지한 느낌의 병 방향제는 깨끗한 타일이 있는 욕실이나 꽃이 있는 공간에 잘 어울려요.

Materials:

정제수 · 130g
석고 가루 · · · · · · · · · · · · · · · · · · · 390g
수채화 물감(블랙) · · · · · · · · · · · · · 약간

Tools:

기본 도구
종이컵 · 1개
보틀 실리콘 몰드 · · · · · · · · · · · · · · · 1개

1_병 모양의 실리콘 몰드를 고무줄로 묶어 고정시킨다.

2_종이컵에 정제수를 담아 계량한다.

3_석고 가루를 정제수가 담긴 종이컵에 넣은 후 헤라로 저어 섞는다.

4_수채화 물감을 종이컵에 넣고 골고루 섞는다.

5_재료들이 골고루 섞이도록 헤라로 저어준다.

6_실리콘 몰드에 석고 반죽을 1/2만 붓는다. 몰드를 바닥에 살살 쳐주고 남은 석고 반죽을 몰드 끝까지 부어준다.

7_석고가 완전히 굳으면 고무줄을 빼고 몰드에서 제거한 후 2~3일간 더 건조시킨다.

MAKING NOTE

* 입체 몰드는 고무줄을 사용하여 틈새를 고정하지 않으면 석고 반죽이 샐 수 있으니 주의한다.
* 실리콘 몰드에 석고 반죽을 붓고 몰드를 바닥에 살살 쳐서 기포를 제거하고 밑부분까지 잘 들어갈 수 있도록 한다.
* 완성된 석고 방향제에 에센셜 오일 혹은 프래그런스 오일을 떨어뜨리거나 향수를 뿌려 향을 입힌다.

Dry Flower
Wax Tablet

드라이플라워
왁스 태블릿

왁스는 캔들의 주재료가 되기도 하지만 심지를 넣지 않고 향을 넣으면 훌륭한 고체 방향제가 됩니다. 여기에 말린 꽃이나 그린 소재를 올려주어 장식하면 우아한 데코 퍼퓸이 될 거예요. 방향제를 옷장 침실 옆에 걸어두면 은은하게 향이 퍼져요.

Materials:

비즈 왁스(정제 타입) · · · · · · · · · · · · · · · 72g
소이 왁스(필라용) · · · · · · · · · · · · · · · · · 8g
베르가못 에센셜 오일 · · · · · · · · · · · · · · 4g
라벤더 에센셜 오일 · · · · · · · · · · · · · · · · 3g
제라늄 에센셜 오일 · · · · · · · · · · · · · · · · 1g
드라이플라워 · · · · · · · · · · · · · · · · · · · 약간

Tools:

기본 도구
오벌 실리콘 몰드(5.3×8.5×1cm) · · · · · · · 2개

1_스테인리스 비커에 비즈 왁스와 소이 왁스를 담아 계량한 후 핫플레이트에 올려 녹인다.

2_녹인 왁스의 온도가 60도로 식으면 블렌딩한 에센셜 오일을 넣고 골고루 섞는다.

3_실리콘 몰드 2개에 녹인 왁스를 나눠 붓는다.

4_밑면이 살짝 굳고 표면에 막이 생기려고 할 때, 드라이플라워를 원하는 위치에 올린다.

5_표면이 지저분할 경우 히트건을 사용해 왁스를 살짝 녹여 정리한다.

6_왁스가 완전히 굳은 후 조심스럽게 몰드에서 뺀다.

7_리본이나 끈을 구멍에 달아준다.

‥ 단단하게 만들려면 비즈 왁스로만 만들고, 투명한 느낌이 싫다면 필라용 소이 왁스를 섞어 만든다.

‥ 드라이플라워는 미리 위치를 정해 놓고 올리면 예쁘게 완성할 수 있다.

‥ 히트건을 너무 가까이 대면 드라이플라워가 탈 수 있으므로 주의한다.

‥ 왁스 태블릿은 더운 날씨에 쉽게 녹을 수 있으니 실내에 두고 사용하는 것이 좋고, 차 안에 두지 않는 것이 좋다.

Two Color
Wax Tablet

투톤 컬러
왁스 태블릿

심플한 모양에 컬러만 더해서 만든, 간단하지만 멋진 방향제입
니다. 컬러는 어떤 공간에 데코할 것인가에 따라, 또는 계절에
따라 선택해보세요. 여기서는 가을 숲을 닮은 차분한 오렌지 컬
러와 짙은 그레이 컬러로 만들어볼 거예요. 색상과 잘 어울리는
향을 넣는다면 더욱 좋겠죠.

Materials:

비즈 왁스(정제 타입) · · · · · · · · · · · · · · · 108g
소이 왁스(필라용) · · · · · · · · · · · · · · · · · 12g
팔마로사 에센셜 오일 · · · · · · · · · · · · · · · 6g
주니퍼베리 에센셜 오일 · · · · · · · · · · · · · 6g
고체 색소(러스트) · · · · · · · · · · · · · · · · 약간
액체 색소(블랙) · · · · · · · · · · · · · · · · · · 약간

Tools:

기본 도구
폼보드 · 약간
헥사곤 실리콘 몰드(5.1×9.3×1cm) · · · · · 3개

1_ 실리콘 몰드의 대각선 길이에 맞춰 폼보드를 잘라 경계선을 만든다.
2_ 글루건으로 끝부분을 살짝 고정시켜 폼보드를 몰드에 붙인다.
3_ 스테인리스 비커에 비즈 왁스와 소이 왁스를 1/2씩 담아 계량한 후
   핫플레이트에 올려 녹인다.

4_ 왁스가 80도로 데워지면 러스트 컬러의 고체 색소를 깎아 넣은 후 골고루 저어준다.

5_ 왁스가 60도로 식으면 블렌딩한 에센셜 오일을 1/2만 넣고 잘 저어준다. 몰드의 한 쪽에 부어준다.

6_ 약 1시간 동안 굳힌다.

7_ 왁스가 완전히 굳으면 폼보드 경계선을 떼어낸다.

8_3~5 과정과 같은 방법으로 블랙 컬러의 액체 색소를 넣어 녹인 왁스를 반대쪽 몰드에 부어준다.

9_왁스가 완전히 굳은 후 몰드에서 조심스럽게 빼낸다.

•• 왁스의 온도가 많이 떨어진 후 색소를 넣으면 잘 녹지 않으니 80도로 유지한다.

•• 에센셜 오일을 넣을 때 왁스의 온도가 너무 높으면 향이 휘발되어 약해질 수 있으니 60도로 유지한다.

•• 두 번째로 붓는 왁스의 온도가 너무 뜨거우면 첫 번째에 부은 왁스가 녹을 수 있으니 주의한다.

Solid Perfume
Wrapping Idea

방향제 포장 아이디어

마음에 드는 방향제의 포장지를 찾지 못했다면 무지 포장지나 습자지에 스탬프를 찍어 나만의 포장지를 만들어보세요. 손글 씨나 그림을 그려 넣어도 좋아요. 방향제 만들기부터 포장까 지, 내 손으로 만드는 즐거움을 느껴보세요. 그야말로 핸드메 이드 라이프네요.

Materials:

고체 방향제
포장지
리본끈
허브(또는 드라이플라워)

Tools:

사포
스카치테이프

1_ 석고 방향제를 포장할 땐 사포를 적당한 크기로 잘라 방향제의 거친 부분을 문질러 다듬는다.

2_ 포장지의 모서리 끝에 방향제를 올려놓고 방향제를 돌돌 말아 포장한다.

3_ 끝부분에 남은 포장지는 손으로 쥐어 끈으로 묶고 허브나 드라이플라워를 꽂아 마무리한다.

Perfume
Story

Peppermint

시원한 청량감을 지닌 페퍼민트

페퍼민트는 일상 용품에서 많이 접할 수 있는 향입니다. 특히 치약에 많이 쓰이는 향이지요. 입 안에 청량감을 주고 입 냄새 제거에 도움을 줍니다. 페퍼민트 오일을 물에 떨어뜨려 가글링을 하기도 해요. 각설탕에 오일을 한 방울 떨어뜨리고 따뜻한 물을 넣어 마시면 향긋한 허브차도 즐길 수 있죠.

운전을 하거나 공부를 할 때와 같이 집중이 필요한 순간에 잠이 쏟아진다면 티슈에 페퍼민트 에센셜 오일을 한 방울 떨어뜨려 향을 맡아보세요. 잠이 확 깰 정도로 상쾌한 향입니다. 컴퓨터나 휴대폰을 많이 사용하여 손목이 아플 때, 허리나 어깨가 아플 때는 호호바 오일이나 올리브 오일 등의 식물성 오일에 페퍼민트 오일을 5~10% 비율로 넣어 발라주거나 50% 알코올에 페퍼민트 오일을 5~10% 정도 넣어 뿌려보세요. 통증완화에 도움을 줍니다.

여행갈 때도 꼭 챙겨가는 게 바로 페퍼민트 에센셜 오일이에요. 오래 걸어 다녀 발이 퉁퉁 붓고 지쳤다면 페퍼민트 오일을 떨어뜨린 물에 담가 족욕을 하면 다음날 언제 피곤했나 싶게 또 여행을 즐기게 되지요.

AROMA
DIFFUSER

촉촉하게 향기를 머금은 아로마 디퓨저

디퓨저는 용기에 향을 채우고 스틱 모양으로 생긴 리드를 꽂아 사용하는 방향제입니다. 모세관 현상에 의해 향이 리드를 따라 올라가 퍼지며 발향돼요. 은은한 향과 함께 인테리어 효과가 좋아서 많이 사용되는 리빙 아이템 중 하나지요. 지속적으로 은은한 향이 나기 때문에 사람들이 많이 오가는 공간에 두기에 적당하답니다.

Chypre
Diffuser

시프레 디퓨저

공간을 향기로 채우는 가장 쉬운 방법은 디퓨저를 두는 것이에요. 캔들처럼 불을 피우지 않아도 되고, 리드를 따라 늘 향이 퍼지기 때문에 많은 사람들이 좋아하는 스타일의 방향제이기도 하지요. 에센셜 오일을 블렌딩하여 공간마다 다른 향으로 디자인해보는 것도 좋아요. 시프레 디퓨저는 나무가 가득한 숲길을 걷는 느낌이 드는 향기라 거실이나 욕실에 두고 사용하기 좋아요. 여기서는 향을 은은하게 즐길 수 있는 20% 부향률의 디퓨저를 만들어볼게요.

Materials:

샌들우드 에센셜 오일(베이스) ········· 10%
라벤더 에센셜 오일(미들) ··········· 5%
베르가못 에센셜 오일(톱) ··········· 5%
디퓨저 베이스 ····················· 80%

Tools:

전자저울
유리 비커
유리 막대
디퓨저 용기
디퓨저 리드

1_유리 비커에 베이스-미들-톱 노트 순서로 에센셜 오일을 담아 계량한다. 디퓨저 용기의 용량에 맞게 에센셜 오일의
비율을 계산하여 조절한다.

2_디퓨저 베이스를 마지막으로 넣은 후 유리 막대로 골고루 섞는다.

3_디퓨저 용기에 담고 일주일간 어둡고 온도가 낮은 곳에서 숙성시킨다.

4_디퓨저 용기에 리드를 꽂아 사용한다.

Green Garden
Diffuser

그린 가든 디퓨저

싱그러운 잔디밭에 이슬 머금은 풀잎이 가득한 정원이 떠오르
는 디퓨저예요. 베이스 노트로 패출리 에센셜 오일을 넣어 은
은한 흙냄새도 함께 느낄 수 있을 거예요. 미들 노트로 사용한
로즈메리와 톱 노트로 사용한 베르가못 오일이 상큼하고 신선
한 허브 향을 내뿜어 음식의 잡냄새나 방 안의 쿰쿰한 냄새를
제거하는 데 효과적이에요.

Materials:

패출리 에센셜 오일(베이스) ············· 2%
로즈메리 에센셜 오일(미들) ··········· 12%
베르가못 에센셜 오일(톱) ············ 6%
디퓨저 베이스 ····················· 80%

Tools:

전자저울
유리 비커
유리 막대
디퓨저 용기
디퓨저 리드

1_디퓨저 용기의 용량에 맞게 에센셜 오일의 비율을 계산하여 조절하고, 187쪽을 참고하여 디퓨저를 만든다.

Jeju Island
Diffuser

제주 섬 디퓨저

예쁜 제주의 향기를 간편하게 즐기는 디퓨저입니다. 제주 섬 디퓨저는 제주의 특별한 장소에 머무는 듯한 느낌이 들게 해요. 주황빛 귤이 탐스럽게 열린 과수원을 걷고 있는 기분을 느낄 수 있어요. 제주의 상큼한 향으로 집 안을 물들여보세요.

Materials:

시더우드 에센셜 오일(베이스) ········· 2%
유칼립투스 에센셜 오일(미들)········· 4%
오렌지 에센셜 오일(톱) ·············· 7%
페티그레인 에센셜 오일(톱) ·········· 7%
디퓨저 베이스 ···················· 80%

Tools:

전자저울
유리 비커
유리 막대
디퓨저 용기
디퓨저 리드

1_ 디퓨저 용기의 용량에 맞게 에센셜 오일의 비율을 계산하여 조절하고, 187쪽을 참고하여 디퓨저를 만든다.

Oriental
Diffuser

오리엔탈 디퓨저

오리엔탈 디퓨저는 향신료와 묵직한 플로럴 향, 달콤한 흙 향
기를 동시에 느낄 수 있는 디퓨저예요. 조금 강하고 독특한 향
을 좋아한다면 오리엔탈 디퓨저를 만들어 방 한편에 놓아보세
요. 발향성을 높이려면 나무보다는 섬유 리드를 사용하고, 리
드의 개수를 늘리거나 면적이 넓은 리드를 사용하세요. 발향
이 지나치다면, 반대로 적용해주면 된답니다. 처음만큼 발향
이 잘 안 된다면, 리드를 반대로 뒤집거나 새로운 리드로 교체
하여 사용하면 도움이 돼요.

Materials:

베티베르 에센셜 오일(베이스) ········· 5%
벤조인 에센셜 오일(베이스) ·········· 3%
재스민 에센셜 오일(미들) ··········· 5%
시나몬 에센셜 오일(톱) ············ 4%
클로브 에센셜 오일(톱) ············ 3%
디퓨저 베이스 ················· 80%

Tools:

전자저울
유리 비커
유리 막대
디퓨저 용기
디퓨저 리드

1_ 디퓨저 용기의 용량에 맞게 에센셜 오일의 비율을 계산하여 조절하고, 187쪽을 참고하여 디퓨저를 만든다.

Floral
Diffuser

플로럴 디퓨저

로즈와 재스민의 향기가 조화로운 플로럴 디퓨저는 온화하고
우아한 꽃향기로 마음을 편안하게 만들어줍니다. 부담스럽지
않은 향이라 가장 편안해야 할 공간인 침실에 두기 좋아요. 침
대 옆 작은 협탁이나 스툴에 올려놓으면 침실이 곧 꽃밭이 되
는 마법을 느낄 수 있을 거예요.

Materials:

로즈우드 에센셜 오일(베이스) ········· 4%
제라늄 에센셜 오일(미들) ··········· 5%
일랑일랑 에센셜 오일(미들)··········· 5%
라벤더 에센셜 오일(톱) ············· 6%
디퓨저 베이스 ················· 80%

Tools:

전자저울
유리 비커
유리 막대
디퓨저 용기
디퓨저 리드

1_디퓨저 용기의 용량에 맞게 에센셜 오일의 비율을 계산하여 조절하고, 187쪽을 참고하여 디퓨저를 만든다.

Perfume
Story

Petitgrain

오렌지 숲을 연상시키는 페티그레인

오렌지 나무에서는 세 가지 천연 오일이 생산됩니다. 오렌지 열매의 껍질에서는 오렌지 오일, 꽃에서는 네놀리 오일, 잎에서는 페티그레인 향을 추출해요. 오렌지 오일에서는 달콤한 향기가 나고, 네놀리 오일에서는 플로럴 향기가 나지요. 페티그레인은 진한 풀 향과 상큼한 오렌지 향이 살짝 느껴져요. 향기를 맡으면 어린 시절 소꿉 장난을 할 때 풀을 빻으며 놀던 추억이 생각나기도 합니다.

오렌지 에센셜 오일은 다른 에센셜 오일에 비해 가격이 저렴하지만 왁스에 넣으면 향이 약해져 단독으로 사용하기 어렵고, 네놀리 에센셜 오일은 가격이 비싸 부담스럽지요. 오렌지 향기가 나는 캔들이나 방향제를 만들고 싶을 때, 페티그레인 에센셜 오일을 사용해보세요. 너무 짙은 풀 향이 거북하다면 오렌지 에센셜 오일과 1:1로 블렌딩하면 좋아요. 발향시키면 오렌지 나무가 가득한 이탈리아 정원에 와 있는 기분이 날 거예요.

PART3

NATURAL SOAP

자연 소재로 만드는
건강한 천연 비누

MELT&POUR
SOAP

자극 없이 순한 MP 비누

'녹여 붓기 비누'라고도 하는 MP 비누의 'MP'는
'MELT(녹다, 녹이다)'와 'POUR(붓다, 따르다)'의
합성어입니다. 말 그대로 이미 만들어져 있는 비누
베이스에 열을 가하여 녹인 다음 자신이 원하는 향
과 재료를 넣어 만드는 비누예요. 그래서 천연 비누
를 처음 시작하는 분들도 쉽게 만들 수 있답니다.
다양한 몰드를 이용해 예쁜 디자인의 비누를 내 손
으로 직접 만들어보세요.

Honey
Soap

꿀 비누

벌들이 꽃에서 채취하는 꿀은 음식에 많이 사용하는 재료예요. 하지만 비타민과 미네랄, 아미노산이 풍부해 건성피부를 생기 있고 촉촉하게 만들어주어 피부 개선에도 많은 도움이 된다고 알려져 있지요. 피부에 꿀을 직접 바르는 것이 부담스럽다면 비누에 꿀을 넣어 사용해보세요. 벌집 모양의 몰드로 만들어 모양도 예쁜 꿀 비누가 촉촉하고 부드러운 피부를 만들어줄 거예요.

Materials:

투명 비누 베이스·················· 300g
꿀···································9g
피마자 오일 ························3g
만다린 에센셜 오일·················3g
에탄올····························약간

Tools:

기본 도구
벌집 플라스틱 몰드(100g) ············ 1개

1_투명 비누 베이스 덩어리를 비누 칼로 깍둑 썰어 준비한다.

2_스테인리스 비커에 자른 비누 베이스를 담은 후 핫플레이트에 올려 녹인다.

3_비누 베이스가 다 녹으면 꿀과 피마자 오일을 계량하여 넣고 골고루 섞는다.

4_만다린 에센셜 오일을 넣고 골고루 섞는다.

5_벌집 모양 플라스틱 몰드에 4를 조심스럽게 부어준다.

6_에탄올을 뿌려 표면에 생긴 기포를 제거한다. 비누가 완전히 굳으면 몰드에서 빼낸다.

MAKING NOTE

** 불투명한 비누를 만들고 싶다면 투명 비누 베이스 대신 화이트 비누 베이스를 사용한다.

** 비누 베이스를 녹일 때 잘 저어가며 녹이고 너무 높은 온도로 끓이지 않도록 주의한다.

** 비누에 노란 꿀 색을 내고 싶다면 꿀을 넣을 때 흑설탕 3g을 함께 넣어준다.

Herb
Soap

허브 비누

비누를 내추럴하게 디자인하고 싶다면, 비누 베이스에 허브를 넣어보세요. 투명 비누 베이스와 화이트 비누 베이스에 라벤더 허브를 넣고 보라색 색소를 약간 넣으면, 라벤더 향이 풍기는 은은한 보랏빛의 비누가 완성됩니다.

Materials:

투명 비누 베이스·················· 300g
화이트 비누 베이스·············· 300g
피마자 오일 ····················· 20g
색소(울트라 마린 바이올렛) ············· 1g
글리세린 ························ 10g
라벤더 ·························· 약간
라벤더 에센셜 오일················· 6g
에탄올 ·························· 약간

Tools:

기본 도구
플라스틱 몰드(300g) ················ 2개

1_투명 비누 베이스와 화이트 비누 베이스 덩어리를 칼로 깍둑 썰어
　준비한다.

2_2개의 스테인리스 비커에 자른 투명 비누 베이스와 화이트 비누 베
　이스를 각각 나눠 담은 후 핫플레이트에 올려 녹인다.

3_비누 베이스가 모두 녹으면 피마자 오일과 색소를 유리 비커에 담아
　골고루 섞는다.

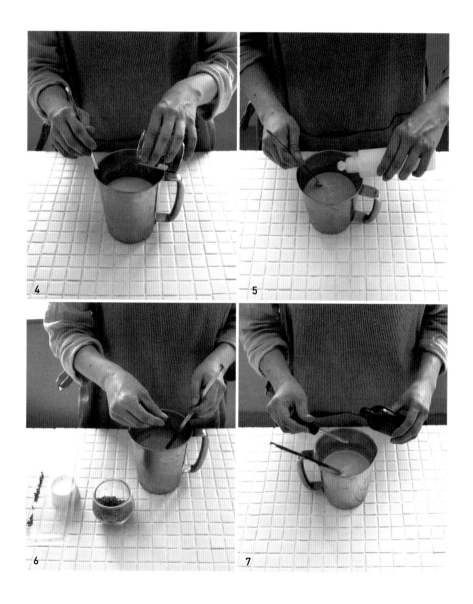

4_녹인 투명 비누 베이스와 화이트 비누 베이스에 3을 각각 1/2씩 나눠 붓는다.

5_녹인 비누 베이스에 글리세린을 각각 5g씩 넣고 골고루 섞는다.

6_라벤더를 넣고 골고루 섞는다.

7_라벤더 에센셜 오일을 각각 3g씩 넣고 골고루 섞는다.

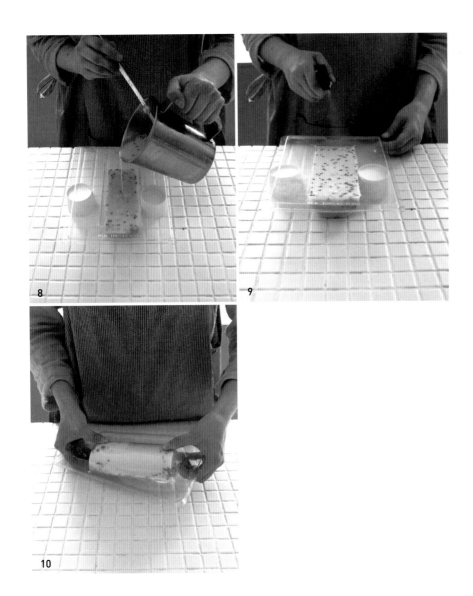

8_ 플라스틱 몰드에 투명 비누액과 화이트 비누액을 각각 조심스럽게 붓는다.

9_ 에탄올을 뿌려 표면에 생긴 기포를 제거한다.

10_ 비누가 완전히 굳으면 몰드에서 빼낸 후 원하는 두께로 잘라 사용한다.

** 색소는 녹인 비누 베이스에 바로 넣으면 덩어리져 뭉칠 수 있으니 피마자 오일에 잘 풀어 사용하는 것이 좋다.

** 허브를 너무 많이 넣으면 비누의 사용감이 거칠어 불편할 수 있으니 적당히 넣는 게 좋다.

Cereal
Scrub Soap

곡물 스크럽 비누

곡물에는 각종 영양소와 비타민이 풍부하게 들어 있어 팩으로
도 많이 사용해요. 곡물을 곱게 갈아 비누에 넣으면 부드럽게
스크럽 작용을 하여 클렌징할 때 좋고 각질 제거에도 도움을
준답니다. 다른 허브나 녹차 가루를 함께 넣으면 효과는 물론
향도 좋을 거예요.

Materials:

화이트 비누 베이스 · · · · · · · · · · · · · · · 300g
캐놀라 오일 · 10g
글리세린 · 5g
만다린 에센셜 오일 · · · · · · · · · · · · · · · · 2g
로즈메리 에센셜 오일 · · · · · · · · · · · · · · 1g
곡물 또는 허브 가루(현미, 녹차, 캐모마일, 로즈
메리) · 약간씩
에탄올 · 약간

Tools:

기본 도구
실리콘 몰드(9구) · · · · · · · · · · · · · · · · · · 1개

1_화이트 비누 베이스 덩어리를 칼로 깍둑 썰어 준비한다.

2_스테인리스 비커에 자른 비누 베이스를 담은 후 핫플레이트에 올려 녹인다.

3_곡물 또는 허브 가루와 캐놀라 오일을 종이컵에 담아 계량한 후 골고루 섞는다.

4_2의 비누 베이스가 다 녹으면 **3**을 넣고 주걱으로 골고루 섞는다.

5_**4**에 글리세린을 넣어 골고루 섞는다.

6_그다음 블렌딩한 에센셜 오일을 넣고 섞어준다.

7_**6**을 종이컵에 덜어 준비한다.

8_ 실리콘 몰드에 조심스럽게 붓는다. 붓기 전, 허브 잎을 넣어도 좋다.

9_ 에탄올을 뿌려 표면에 생긴 기포를 제거한다.

10_ 비누가 완전히 굳으면 몰드에서 빼낸다.

MAKING NOTE

** 화이트 비누 베이스 대신 투명 비누 베이스를 사용해도 좋다.

** 곡물 가루나 허브 가루를 비누 베이스에 그냥 넣으면 잘 풀어지지 않고 덩어리지므로 캐놀라 오일에 풀어서 사용한다.

** 한방 가루를 넣을 경우에는 향이 강하기 때문에 비누 베이스 양의 1% 이내로 넣는다.

Black
Cleansing Soap

블랙 클렌징 비누

요즘은 남성들도 피부에 관심이 많죠. 블랙 클렌징 비누가 남성들의 거친 피부를 부드럽게 가꿔줄 거예요. 거친 느낌이 나는 돌 모양의 몰드를 사용하고 짙은 네이비, 그레이, 블랙 등으로 색을 내면 모양도 멋스러운 남성들을 위한 맞춤 비누가 완성되지요.

Materials:

투명 비누 베이스······················ 360g
화이트 비누 베이스··················· 40g
포도씨 오일 ····························· 10g
글리세린 ································ 10g
베르가못 에센셜 오일················· 2g
시더우드 에센셜 오일················· 2g
숯가루 ·································· 약간
색소(청대) ······························ 약간
에탄올 ································· 약간

Tools:

기본 도구
종이컵 ································· 4개
실리콘 몰드(4구)····················· 1개

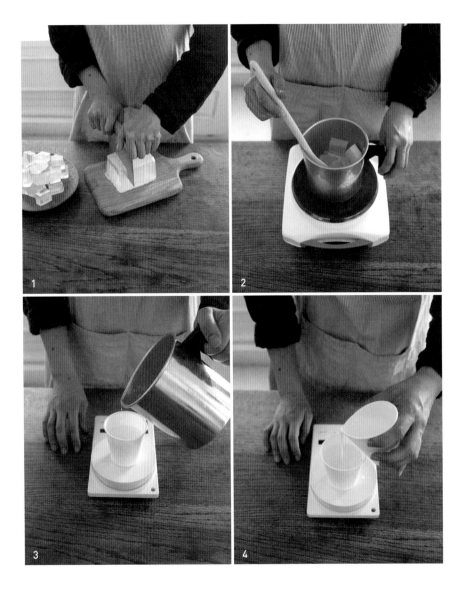

1_투명 비누 베이스와 화이트 비누 베이스를 칼로 깍둑 썰어 준비한다.

2_스테인리스 비커에 자른 비누 베이스를 각각 담은 후 핫플레이트에 올려 녹인다.

3_녹인 투명 비누 베이스를 종이컵 4개에 1/4씩 나눠 담는다.

4_녹인 화이트 비누 베이스를 3에 각각 1/4씩 나눠 넣는다.

5_시약 스푼으로 골고루 섞는다.

6_4개의 종이컵에 숯가루를 넣어 색을 낸다. 많이 넣을수록 짙은 색을 낼 수 있으니 종이컵마다 양을 조금씩 다르게 넣는다.

7_뭉치지 않도록 시약 스푼으로 골고루 섞는다.

8_ 색소를 유리 비커에 담고 물을 약간 섞어 풀어준다.

9_ 4개의 종이컵 중 2개에만 8을 1/2씩 나눠 넣어 섞는다.

10_ 숯가루와 색소의 양을 조절하여 4가지 색을 완성한다.

11_ 글리세린을 각각 1/4씩 넣은 후 잘 섞는다.

12_ 포도씨 오일을 각각 1/4씩 넣은 후 골고루 섞는다.

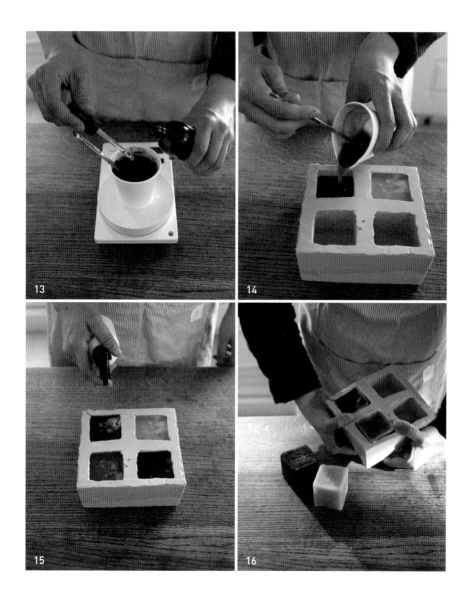

13_ 블렌딩한 에센셜 오일을 각각 1/4씩 넣은 후 골고루 섞는다.

14_ 실리콘 몰드에 하나씩 조심스럽게 붓는다.

15_ 에탄올을 뿌려 표면에 생긴 기포를 제거한다.

16_ 비누가 완전히 굳으면 몰드에서 빼낸다.

<hr />

MAKING NOTE

** 색소를 물에 녹일 때 물의 양을 적게 한다. 물의 양이 많을 경우 비누가 무를 수 있으니 주의한다.

** 색이 짙은 비누를 만들 때 투명 비누 베이스를 많이 사용하고 화이트 비누 베이스를 약간만 첨가하면 깊이감을 느낄 수 있다.

Coral
Soap

산호 비누

다양한 비누 몰드, 베이킹 몰드, 초콜릿 몰드 등을 사용하여 계절에 어울리는 여러 가지 비누를 만들어보세요. 지난 여름을 추억하며 산호 몰드를 이용해 희고 깨끗한 산호 모양의 비누를 만들었어요. 시원한 여름 느낌을 주기 위해 프레시한 향인 그레이프프루트와 페퍼민트 에센셜 오일을 넣었답니다. 좀 더 청량하고 시원한 느낌을 주려면 파란색 색소를 조금 넣어도 좋겠죠.

Materials:

화이트 비누 베이스 · · · · · · · · · · · · · · · 600g
포도씨 오일 · 18g
글리세린 · 12g
그레이프프루트 에센셜 오일 · · · · · · · · · · 3g
페퍼민트 에센셜 오일 · · · · · · · · · · · · · · · 3g
에탄올 · 약간

Tools:

기본 도구
산호 실리콘 몰드(11구) · · · · · · · · · · · · · · · 1개

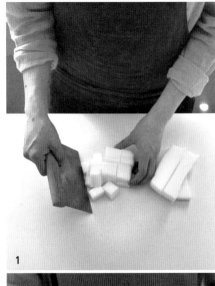

1

2

3

1_ 화이트 비누 베이스 덩어리를 칼로 깍둑 썰어 준비한다.

2_ 스테인리스 비커에 자른 비누 베이스를 담은 후 핫플레이트에 올려
녹인다.

3_ 녹인 왁스에 포도씨 오일을 넣어 섞는다.

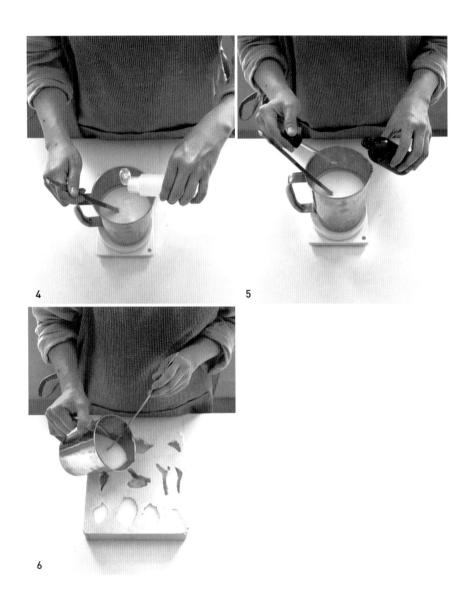

4_글리세린을 넣어 골고루 섞는다.

5_블렌딩한 에센셜 오일을 넣고 골고루 섞는다.

6_산호 모양 실리콘 몰드에 조심스럽게 붓는다.

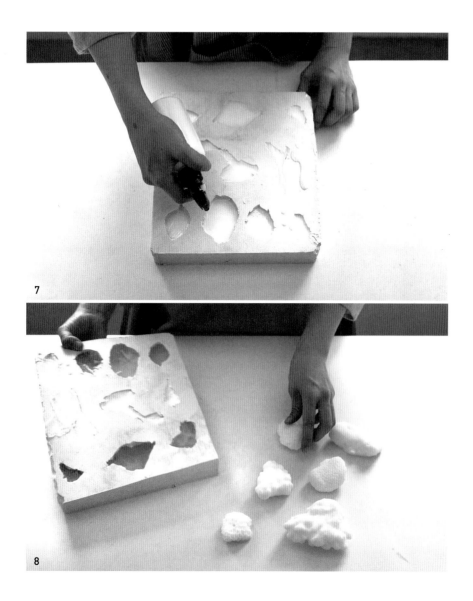

7_에탄올을 뿌려 표면에 생긴 기포를 제거한다.

8_비누가 완전히 굳으면 몰드에서 빼낸다.

MAKING NOTE

＊＊ 실리콘 몰드 대신 플라스틱 몰드를 사용할 경우 녹인 비누 베이스가 너무 뜨거우면 몰드가 녹을 수 있으니 주의한다.

Perfume
Story

Rosemary

싱그러움으로 영혼을 치유하는 로즈메리

로즈메리 향기는 누구에게나 익숙할 거예요. 집에서 많이 키우는 허브 중에 하나이기도 하고 고기 잡냄새를 없애주어 요리를 할 때도 많이 활용되지요.

로즈메리를 손으로 비비면 짙고 프레시한 풀 향기가 나요. 코가 뻥 뚫리는 느낌의 시원한 향기가 매력적이지요. 집중이 필요할 때 머리를 맑게 해주어 수험생들의 방에 놓으면 좋아요. 두피의 혈액 순환에도 효과가 좋아 샴푸나 헤어 제품을 만들 때도 자주 활용됩니다.

로즈메리는 최초의 알코올 향수인 헝가리 워터의 주성분이기도 해요. 이 워터를 매일 사용했다고 알려진 헝가리 여왕이 72세에 폴란드 국왕의 청혼을 받았다는 이야기가 전해지는데, 로즈메리가 젊음을 유지하는 데 도움이 되었을까요? 그래서 헝가리 워터는 '엘리자베스 여왕의 물' 또는 '영혼의 물'이라고도 불린답니다. 실제로 로즈메리는 부기를 가라앉히는 효과가 있어 모공이 넓은 지성 피부나 여드름 피부 개선에 도움이 되는 향이에요.

COLD PROCESS
SOAP

피부 힐링을 위한 CP 비누

저온 가공법으로 만드는 CP 비누는 비누의 주원료인 오일이 가지는 영양소와 특성이 열에 의해 변성되지 않고 비누에 남아 피부에 좋은 영향을 줄 수 있도록 제조하는 방식이에요. 피부 타입에 맞게 재료를 다양하게 구성하여 만들어 쓸 수 있답니다. 또한 리배칭 비누는 CP 비누를 재활용하여 만드는 것으로 자투리 비누를 활용할 수 있고 사용감이 부드러워 직접 만들어 쓰면 좋은 비누예요.

Baby
Soap

베이비 비누

저온으로 만드는 숙성 비누는 연약한 피부를 가진 아가들에게
잘 맞는 비누예요. 아가를 위해 보습이 뛰어난 오일, 캐모마일
허브 분말만 넣어 순한 비누를 만들었어요. 어린아이들뿐만
아니라 민감한 피부나 건조한 피부를 가진 성인에게도 추천해
요. 자극이 적고 보습이 뛰어나다는 것을 느낄 수 있을 거예요.

Materials:

아보카도 오일 · · · · · · · · · · · · · · · · · · · 300g
코코넛 오일 · 200g
팜 오일 · 200g
시어버터 · 100g
정제수 · 264g
가성소다 · 113g
캐모마일 가루 · · · · · · · · · · · · · · · · · · · 10g
라벤더 에센셜 오일 · · · · · · · · · · · · · · · 10g

Tools:

기본 도구
사각 실리콘 몰드(1kg) · · · · · · · · · · · · · · 1개

1_상온에서 굳어 있는 코코넛 오일, 팜 오일을 큰 스테인리스 비커에 각각 담고 뜨거운 물을 부어서 녹여 준비한다.

2_큰 스테인리스 비커에 시어버터를 담아 계량한 후 핫플레이트에 올려 녹인다.

3_아보카도 오일과 1에서 녹인 코코넛 오일, 팜 오일을 각각 계량한 후 2에 넣어 섞는다.

4_다른 스테인리스 비커에 정제수를 담아 계량한다.

5_유리병에 가성소다를 담아 계량한다.

6_가성소다를 정제수에 넣고 1분간 저어준다. 이때 매콤한 연기가 새어나오지 않도록 비닐로 비커 입구를 덮어 공기 접
  촉을 최소화한다.

7_3과 6의 온도를 40~50도로 비슷하게 맞춘 후 6의 가성소다액을 3의 오일에 조심스럽게 부어준다.

8_ 주걱을 사용하여 한쪽 방향으로 저어준다.

9_ 8의 비누액이 걸쭉해지면 종이컵에 조금 덜어 캐모마일 가루를 넣고 잘 풀어준다.

10_ 9를 다시 비누액에 넣어준다.

11_ 주걱을 사용하여 골고루 섞어준다.

12_ 트레이스 상태가 되면 라벤더 에센셜 오일을 넣고 골고루 섞는다.

13_ 몰드에 조심스럽게 붓고 몰드를 바닥에 살살 내리쳐 기포를 제거한다.

14_ 몰드의 뚜껑을 닫아준다.

15_ 수건으로 감싸 1~2일간 보온해준다.

16_ 비누를 몰드에서 빼낸 후 하루 동안 건조시킨다.

17_ 적당한 크기로 잘라 공기가 잘 통하는 곳에서 숙성시키고 4주가 지난 후 사용한다.

Rose Jasmine
Soap

로즈 재스민 비누

많은 여성으로부터 사랑을 받아온 로즈, 재스민 허브 등으로
장식하여 여성스러운 느낌의 비누를 만들어보세요. 정제수 대
신 로즈 플로럴워터를 사용하면 꽃향기를 더할 수 있어요. 눈
으로도, 향으로도 꽃을 느낄 수 있는 비누랍니다. 아침에 일어
나 세면대 앞에 서서 세안을 할 때면 꽃으로 장식된 비누가 일
상의 작은 즐거움이 되어줄 거예요.

Materials:

코코넛 오일 · 200g
팜 오일 · 200g
미강 오일 · 300g
살구씨 오일 · · · · · · · · · · · · · · · · · · · 100g
로즈 플로럴워터 · · · · · · · · · · · · · · · · 264g
가성소다 · 119g
제라늄 에센셜 오일 · · · · · · · · · · · · · · 10g
허브(로즈, 재스민) · · · · · · · · · · · · · · · 약간씩

Tools:

기본 도구
실리콘 몰드(6구, 총 1kg) · · · · · · · · · · · · · 1개

1_상온에서 굳어 있는 코코넛 오일, 팜 오일을 큰 스테인리스 비커에 담
고 뜨거운 물을 부어서 녹여 준비한다. 큰 스테인리스 비커에 녹인
코코넛 오일과 팜 오일, 살구씨 오일, 미강 오일을 계량하여 담는다.
2_다른 스테인리스 비커에 로즈 플로럴워터를 담아 섞는다.
3_유리병에 가성소다를 담아 계량한다.

4_3의 가성소다를 2의 로즈 플로럴워터에 넣고 1분간 저어준다. 이때 비닐로 비커 입구를 덮어 공기 접촉을 최소화한다.

5_1과 4의 온도를 40~50도로 비슷하게 맞춘 후 4의 가성소다액을 1의 오일에 조심스럽게 부어준다.

6_주걱을 사용하여 한쪽 방향으로 저어준다.

7_제라늄 에센셜 오일을 넣고 골고루 섞는다.

8_ 비누액이 걸쭉해져 트레이스 상태가 되면 실리콘 몰드에 부어준다.

9_ 허브를 비누액 위에 조심스럽게 올려 장식한다.

10_ 비누를 스티로폼 박스에 넣고 1~2일간 보온해준다. 비누를 몰드에서 빼낸 후 공기가 잘 통하는 곳에서 숙성시키며
    4주가 지난 후 사용한다.

MAKING NOTE

** 트레이스가 제대로 되지 않았을 때 허브를 올리면 허브가 가라앉으므로 주의한다.

** 보온을 제대로 하지 않으면 비누가 부서질 수 있으므로 주의한다.

Oriental Herb
Hair Soap

한방 헤어 비누

어성초, 자소엽, 녹차 허브를 물에 우리고 그 물을 정제수 대신
사용하여 만든 비누입니다. 어성초는 항균, 해독 작용을 하며
여드름, 습진 등에 효과적이고, 자소엽은 탈모와 피부 질환을
해소하는 데 탁월하다고 알려져 있어요. 두피를 청결하게 가
꾸주고 혈액 순환과 건강한 모발 생성에 도움을 주는 에센셜
오일을 넣어 만들어 두피와 모발 건강에 좋은 비누예요.

Materials:

어성초 · 25g	피마자 오일 · · · · · · · · · · · · · · · 200g
녹차 잎 · · · · · · · · · · · · · · · · · · · 13g	가성소다 · · · · · · · · · · · · · · · · · 118g
자소엽 · 12g	레몬 에센셜 오일 · · · · · · · · · · · · · 5g
정제수 · · · · · · · · · · · · · · · · · · · 500g	시더우드 에센셜 오일 · · · · · · · · · · 3g
코코넛 오일 · · · · · · · · · · · · · · 200g	일랑일랑 에센셜 오일 · · · · · · · · · 1g
팜 오일 · · · · · · · · · · · · · · · · · · 200g	페퍼민트 에센셜 오일 · · · · · · · · · 1g
동백 오일 · · · · · · · · · · · · · · · · 200g	

Tools:

기본 도구
거름망
사각 실리콘 몰드(1kg) · · · · · · · · · 1개

1_ 어성초, 자소엽, 녹차 잎을 볼에 담아 계량한다.

2_ 큰 스테인리스 비커에 정제수를 담아 계량한다.

3_ 정제수에 1을 넣고 핫플레이트에 올려 끓인다.

4_ 끓기 시작하면 온도를 조금 줄여 30분간 더 우린다. 거름망으로 잎을 걸러내고 충분히 식힌다.

5_ 상온에서 굳어 있는 코코넛 오일, 팜 오일을 큰 스테인리스 비커에 담고 뜨거운 물을 부어서 녹여 준비한다.

6_ 큰 스테인리스 비커에 5에서 녹인 코코넛 오일과 팜 오일, 동백 오일, 피마자 오일을 담아 계량한다.

7_ 작은 스테인리스 비커에 4에서 만든 우린 물 264g을 계량하여 담고 가성소다를 넣어준 후 1분간 골고루 저어준다.

8_ 6과 7의 온도를 40~50도로 비슷하게 맞춘 후 7에 6을 조심스럽게 부어준다.

9_ 주걱을 사용하여 한쪽 방향으로 저어준다.

10_ 9가 트레이스 상태가 되면 블렌딩한 에센셜 오일을 넣고 골고루 섞는다.

11_ 실리콘 몰드에 부어 뚜껑을 닫고 수건으로 감싸 1~2일간 보온해준다.

12_ 비누를 몰드에서 빼낸 후 1일간 건조시킨 후 적당한 크기로 자른다.

13_ 공기가 잘 통하는 곳에서 숙성시키고 4주가 지난 후 사용한다.

MAKING NOTE

** 한방 약초 우린 물을 식히지 않으면 가성소다에 넣을 때 끓어 넘칠 수 있으므로 충분히 식힌 후 사용한다.

** 허브 찌꺼기가 들어가지 않도록 2회 이상 곱게 걸러준다.

Rebatching
Soap

리배칭 비누

리배칭 비누는 CP 비누 중 향이 약해져 잘 사용하지 않는 비누, 비누를 다듬을 때 나오는 자투리, 마음에 들지 않는 비누 등을 다시 갈아 만드는 재활용 비누를 말합니다. 사용감이 매우 부드럽고 곡물이나 허브 가루, 향을 넣어 내가 원하는 모양으로 비누를 만들 수 있어요.

Materials:

CP 비누 ························· 200g
곡물 가루 ························· 2g
정제수 ························· 약간
오렌지 에센셜 오일 ················· 2g

Tools:

강판
나무 꼬치(생략 가능)
마끈(생략 가능)
스탬프(생략 가능)

1

2

3

5

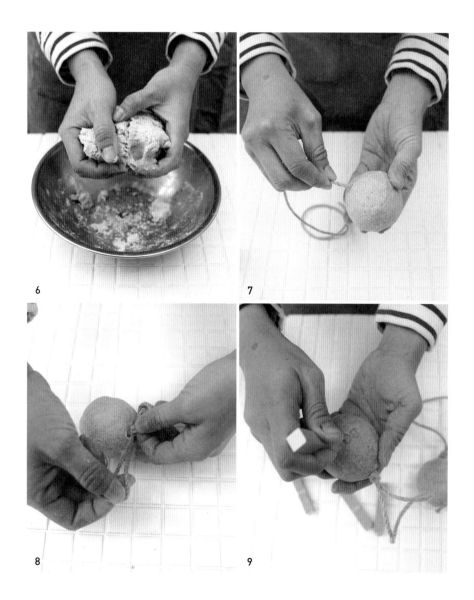

1_ 리배칭할 비누를 강판에 갈아 가루로 만든다.

2_ 곡물 가루를 비누 가루에 넣는다.

3_ 정제수를 스프레이 용기에 담아 2에 골고루 뿌린다.

4_ 3에 오렌지 에센셜 오일을 넣는다.

5_ 손으로 반죽하듯이 꾹꾹 누른다.

6_ 어느 정도 점성이 생기면 동그랗게 뭉친다.

7_ 단단하게 뭉친 비누 가운데에 나무 꼬치를 이용하여 구멍을 내고 마끈을 넣어준다.

8_ 마끈을 단단히 매듭지어 묶는다.

9_ 15분간 두었다 원하는 글자 모양의 스탬프를 찍으면 깔끔하게 찍을 수 있다. 비누가 단단하게 굳으면 사용한다.

Perfume Story

Rose

향기의 여왕, 로즈

꽃의 여왕 장미. 아로마 테라피를 알기 전에는 장미 향을 좋아하지 않았어요. 하지만 '진짜' 장미 향을 맡은 후로 그 향기에 빠져버렸답니다. 로즈 에센셜 오일은 비싸기 때문에 인공 향료를 사용해서 방향제를 만드는 경우가 많아요. 그래서 대부분의 사람들이 알고 있는 장미 향은 인공적으로 만든 향기일 거예요. 천연 로즈 에센셜 오일은 진하면서 고급스러운 장미 향이랍니다. 싱그러운 꽃향기가 나지요.

장미는 두 가지 방법을 이용해서 오일을 추출합니다. 수증기를 이용해 추출한 향은 '로즈 오또', 솔벤트를 이용해 추출한 향은 '앱솔루트'라고 해요. 로즈 오또가 앱솔루트보다 생산되는 양이 적기 때문에 가격이 더 비싸답니다. 1kg의 로즈 오또를 얻기 위해 4000kg의 장미꽃이 사용된다고 하니 왜 비싼지 알겠지요.

에센셜 오일로 사용되는 장미꽃은 불가리아, 터키, 모로코 지역에서 생산되는 다마스크 로즈, 프랑스 남부 그라스 지방에서 생산되는 센티폴리아 로즈가 있어요. 향수의 성지인 그라스에서는 5월의 장미라고 불리는 '로즈 드 마이(Rose de Mai)'를 이른 새벽 해가 비치기 전, 향을 가장 많이 머금고 있을 때 손으로 하나하나 직접 따서 수확합니다. 이렇게 수확한 향은 가장 비싸고 귀하게 사용되어 고급 향수와 화장품에 사용되죠.

데오드란트 역할이 뛰어난 장미 향은 향수 제품으로 더 없이 좋아요. 여성스럽고 아름답게 보이고 싶은 특별한 날에 로즈 향수를 뿌려보세요. 또한 민감한 피부에 도움을 주니 식물성 오일에 몇 방울 떨어뜨려 에센스로 사용해도 좋아요. 가격이 부담스럽다면 로즈제라늄을 대신 사용해도 좋아요. 로즈제라늄은 로즈 에센셜 오일보다 조금 더 풀 향이 납니다.

PART4

HOME
FRAGRANCE

일상을 채우는 향기로운
생활 방향 소품

LIVING
FRAGRANCE

집 안을 은은하게 물들이는 생활용품

집 안의 향기는 다른 사람에게 보여주기 위함이 아
니라 나와 가족을 위한 것이겠죠. 이 소중한 공간을
기분 좋은 향기, 안정이 되는 향기, 활력을 주는 향기
로 채운다는 것은 무척 가치 있는 일이에요. 집 안을
내가 좋아하는 향기로 채워보세요. 여러 가지 아로
마 소품을 활용해도 좋고, 가볍게 뿌리기 좋은 리넨
워터, 간편하게 만들어 여기저기 걸어두기 좋은 포
푸리도 향기로운 집을 만드는 데 도움을 줄 거예요.

Linen
Water

리넨 워터

폭신폭신한 코튼 침구 세트, 까슬까슬한 리넨 키친 클로스, 하늘거리는 원피스. 피부에 닿는 여러 가지 패브릭에 리넨 워터를 뿌려보세요. 자연의 향을 더해주고, 여름철 땀 냄새를 쉽게 없앨 수 있어요. 리넨 워터로 집 안에서도 허브 밭을 산책하는 기분을 느낄 수 있답니다.

Materials:

무수에탄올 ························98g
정제수 ·························· 125g
라벤더 에센셜 오일 ·········· 0.6g(12방울)
로즈메리 에센셜 오일 ········ 0.6g(12방울)

Tools:

유리 비커
스프레이 용기

1_유리 비커에 무수에탄올과 정제수를 각각 계량하여 담는다.

2_스프레이 용기에 무수에탄올을 먼저 담는다.

3_무수에탄올에 라벤더 에센셜 오일과 로즈메리 에센셜 오일을 넣는다.

4_리넨 워터가 잘 나오도록 스트로 길이를 용기 길이에 맞춰 자른다.

5_스프레이 뚜껑을 닫고 흔들어 섞어준다.

6_다시 뚜껑을 열고 정제수를 넣은 후 흔들어 섞는다.

7_패브릭에 뿌려 사용한다.

** 0.1g 단위의 저울이 없다면 스포이드로 에센셜 오일을 떨어뜨려 계량한다. 1g은 약 20방울이다.

** 에센셜 오일을 너무 많이 넣거나 진한 색상(짙은 노란색, 밤색, 파란색 계열)의 에센셜 오일을 사용할 경우, 패브릭에 얼룩이 생길 수 있으니 주의한다.

** 저울을 사용하여 무수에탄올을 계량할 경우, 무수에탄올의 비중이 0.78이기 때문에 125ml×0.78=98g이 필요하다.

Potpourri

포푸리

포푸리는 실내 공기를 정화해주는 방향제의 일종인 향기 주머니예요. 꽃이나 나뭇잎, 과일껍질에 에센셜 오일을 떨어뜨리고 패브릭 주머니에 담아 간편하게 완성하는 방향제랍니다. 시중에 판매되는 포푸리는 향이 너무 강해 머리가 아픈 경우가 종종 있어요. 그래서 좋아하는 꽃과 허브를 말리고 천연 에센셜 오일을 넣어 직접 만들어 보았답니다. 은은한 향이 방 안에 오래도록 머물 뿐만 아니라 인테리어 소품으로도 좋아요.

Materials:

드라이플라워(천일홍, 라벤더, 유칼립투스) · · · · ·
· 20g
오렌지 에센셜 오일 · · · · · · · · · · 0.5g(10방울)
라벤더 에센셜 오일 · · · · · · · · · · 0.25g(5방울)
유칼립투스 에센셜 오일 · · · · · · · 0.25g(5방울)

Tools:

패브릭 파우치

1_ 드라이플라워의 줄기와 잎을 정리하고 적당한 크기로 준비한다.
2_ 넓은 볼에 드라이플라워를 담고 블렌딩한 에센셜 오일을 떨어뜨린 후 향이 골고루 배도록 섞는다.
3_ 패브릭 파우치에 2의 드라이플라워를 담고 끈을 달아준다.

Perfume
Story

Jasmine

작고 사랑스러운 향기, 재스민

유럽의 작은 마을로 여행을 다니며 가장 많이 맡은 향은 다름이 아닌 재스민이었어요. 이탈리아 남부에는 레몬이 가득 달린 레몬 나무가 있고 프랑스 프로방스 지방의 길가에는 라벤더가 가득했지만, 어디서나 가장 쉽게 만날 수 있었던 것은 재스민이었답니다.

프로방스에서 들른 아틀리에의 노란 벽을 근사하게 장식했던 것도, 이탈리아 시골집들의 담벼락을 감싼 것도 재스민이었어요. 길가를 걸을 때도, 해먹에 누워 잠시 쉴 때도 별처럼 작은 하얀 꽃의 향기는 소리 없이 은은하게 퍼졌지요.

재스민은 관능적인 꽃 향으로 성적으로 자신감을 어필할 때 많이 사용되는 향이기도 합니다. 피부 탄력에도 도움을 주니 식물성 오일에 떨어뜨려 마사지를 해보세요. 하지만 너무 많이 사용하면 진한 향이 집중력을 떨어뜨리므로 적당히 사용하는 것이 좋아요.

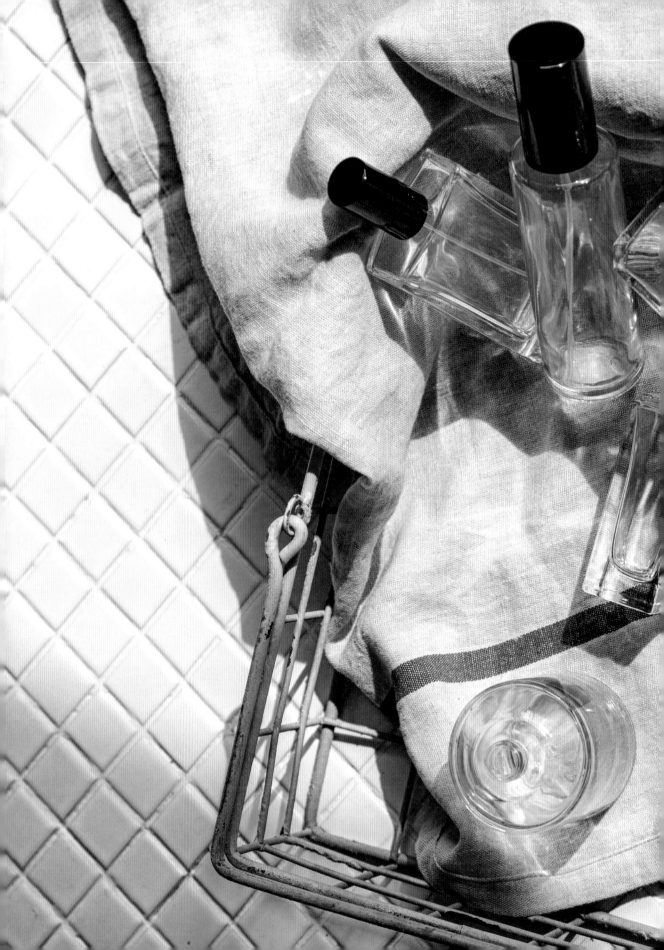

SIGNATURE
PERFUME

기억 속 여운을 남기는 시그니처 향수

매일 아침 눈을 떠 기계적으로 하루를 시작하고 익
숙한 공간, 익숙한 사람들 속에서 안주하고 있는 내
모습을 발견할 때, 내일은 조금 더 특별한 일이 일
어나길 바라본 적이 없나요? 그럴 때 직접 만든 나
만의 향수를 뿌려보세요. 이 작은 변화만으로도 나
의 일상이 누군가에게 조금 더 특별한 기억으로 남
겨질 거예요.

Orange
Blossome Perfume

오렌지 블라섬 향수

은은한 오렌지 플라워 향은 너무 남성적이지도, 그렇다고 여성적이지도 않아 참 좋아하는 향이에요. 유명 향수 브랜드에서 소수의 고객만을 위해 만드는 니치 향수에도 자주 사용되는 고급스러운 향이랍니다. 향을 뿌리고 눈을 감으면 오렌지 나무가 가득한 숲을 산책하고 있는 듯한 느낌이 듭니다. 천연 에센셜 오일을 사용하여 향수를 직접 만들어보세요.

Materials:

무수에탄올 · 60g
정제수 ·4g
패출리 에센셜 오일 · · · · · · · · · · · · · · · · · 2g
페티그레인 에센셜 오일 · · · · · · · · · · · · · 9g
오렌지 에센셜 오일 · · · · · · · · · · · · · · · · · 9g

Tools:

유리 막대
유리 비커
향수병(100ml) · 1개

1_무수에탄올과 정제수를 계량하여 유리 비커에 담는다.

2_다른 유리 비커에 스포이드를 이용하여 패출리 에센셜 오일, 페티그
레인 에센셜 오일, 오렌지 에센셜 오일을 순서대로 넣는다.

3_유리 막대로 골고루 섞는다.

4_1을 블렌딩한 에센셜 오일에 차례로 넣는다.

5_유리 막대로 골고루 섞는다.

6_향수병에 조심스럽게 담는다.

7_7일간 에센셜 오일과 에탄올이 잘 섞이도록 숙성시킨 후 사용한다.

✳✳ 에센셜 오일을 넣기 전에 하나씩 시향지에 뿌려 코로 맡아보며 향을 익힌다.

✳✳ 에센셜 오일은 무거운 향부터 순서대로 넣는다.

✳✳ 완성한 향수는 어둡고 온도가 낮은 곳에서 숙성시킨다.

Spring Come
Solid Perfume

스프링 컴 고체 향수

고체 향수는 콤팩트한 크기로 휴대하기 편한 향수지요. 외출할 때 고체 향수를 파우치에 챙겨 담고 손목이나 귀 뒤쪽, 맥박이 뛰는 부분에 발라보세요. 향이 빠르게 퍼지며 오래 지속돼요. 또 알코올 대신 오일을 베이스로 사용하여 자극이 적고 향이 은은 해 매력적이에요. 싱그러운 풀 향을 담아 만들고 스트레스를 받을 때, 쓱쓱 발라보세요. 상쾌하게 기분 전환 효과를 볼 수 있는 나만의 작은 힐링 아이템이랍니다.

Materials:

호호바 오일 · 6g
비즈 왁스 · 3g
로즈메리 에센셜 오일 · · · · · · · · 0.8g(16방울)
캐모마일로먼 에센셜 오일 · · · · · · 0.2g(4방울)

Tools:

기본 도구
틴 용기(10g) · 3개

1_ 유리 비커에 호호바 오일을 담아 계량한다.

2_ 비즈 왁스를 계량하여 1의 호호바 오일에 넣는다.

3_ 유리 비커를 핫플레이트에 올리고 비즈 왁스가 녹을 정도로 데운다.

4_ 비즈 왁스가 다 녹으면 유리 비커를 핫플레이트에서 내린 후 로즈메리 에센셜 오일과 캐모마일로먼 에센셜 오일을
    넣는다.

5_ 시약 스푼으로 골고루 섞고 틴 용기에 조심스럽게 붓는다.

6_ 향수가 완전히 굳은 후 사용한다.

** 비즈 왁스는 시약 스푼으로 계속 저어 가며 녹이고 온도가 높게 올라가지 않도록 주의한다.

** 왁스 온도가 낮아지면 왁스가 다시 굳을 수 있으므로 빠르게 작업한다.

** '캐모마일로먼'과 '캐모마일저먼' 에센셜 오일은 향이 다르므로 구분해서 사용한다.

** 왁스를 용기에 부은 후 완전히 굳을 때까지 옮기지 않는다.

Rose Green
Roll On Perfume

로즈 그린 롤온 향수

향수병 입구가 롤온형으로 되어 있어 바르기 쉽고 작은 사이
즈라 휴대하기 편해요. 여름철에는 알코올을 조금 넣어 시원
하게 사용하고 겨울철에는 100% 식물성 오일과 천연 에센셜
오일만으로 만들어 사용하면 건조한 피부에 좋아요. 고체 향
수와 마찬가지로 피부에 발랐을 때 자극이 적은 향을 선택하
면 좋겠죠?

Materials:

무수에탄올 · 2g
제라늄 에센셜 오일 · · · · · · · · · · 0.7g(14방울)
로즈 에센셜 오일 · · · · · · · · · · · · 0.3g(6방울)
호호바 오일 · 7g

Tools:

시약 스푼
유리 비커
전자저울
롤온 용기(10ml) · 1개

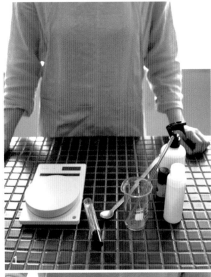

1_ 필요한 도구를 소독하여 준비한다.

2_ 유리 비커에 무수에탄올을 담아 계량한다.

3_ 무수에탄올에 제라늄 에센셜 오일과 로즈 에센셜 오일을 넣는다.

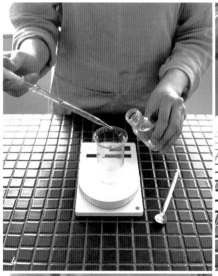

4_3에 무수에탄올을 넣고 시약 스푼으로 골고루 섞는다.

5_마지막으로 호호바 오일을 넣고 골고루 섞는다.

6_롤온 용기에 조심스럽게 담아 사용한다.

** 롤온은 세게 꾹 누르는 것보다 가볍게 눌러야 잘 나온다.

Perfume
Story

Cedarwood

멋진 신사를 위한 그윽한 향, 시더우드

요새는 남성분들도 향에 관심이 많아졌어요. 향수나 화장품도 남성용으로 많이 나오고 있지요. 예전에는 수업을 배우러 오는 분이 주로 여성분들이었다면 최근에는 남성분들도 많이 찾아오세요. 섬세하게 블렌딩하는 모습이 참으로 인상 깊답니다.

남성분에게 향을 추천해달라는 질문을 받으면 주저 없이 추천하는 향이 시더우드입니다. 시더우드 에센셜 오일은 연필심, 나무 톱밥을 연상시키는 향이에요. 상쾌하면서 그윽한 나무향기가 마치 새벽녘 숲속에 있는 듯한 기분이 들게 합니다. 단독으로 사용하면 멋진 신사에게 잘 어울리는, 짙은 가을을 느낄 수 있는 향이라 남성분들에게 많이 추천한답니다.

시더우드는 식물성 오일과 블렌딩하여 두피 마사지를 할 때 사용하거나 헤어 비누에 넣어 사용해도 좋답니다. 베르가못 에센셜 오일과 블렌딩하여 사용하면 조금 부드러운 느낌의 향을 느낄 수 있어요.

BODY
FRAGRANCE

코끝에 맴도는 잔향, 보디 제품

내 손으로 직접 천연 보디 케어 제품을 만들어보세요. 피부에 좋은 영양이 가득한 식물성 오일과 꽃에서 추출한 화장수로 건강한 화장품을 만들 수 있어요. 몸이 지친 날 배스 솔트와 배스 봄으로 목욕을 하고 향긋한 보디 오일, 보디 밤을 발라보세요. 포근한 잠자리에 들 수 있을 거예요. 내 몸과 기분에 맞는 에센셜 오일도 몇 방울 넣어주면 몸과 마음의 스트레스를 다스릴 수 있고 피부도 맑아진답니다.

Foot
Bath Salt

풋 배스 솔트

반신욕이 피로 회복에 좋다지만 너무 피곤한 날은 반신욕을 할 기운도 없지 않나요? 이럴 때는 대야에 따뜻한 물을 담아 족욕을 해보세요. 페퍼민트 에센셜 오일이 들어간 배스 솔트도 넣어 발을 담그면 피로가 싹 풀리고 근육통 완화에도 도움을 줄 거예요. 페퍼민트의 청량한 향 덕에 기분도 한결 좋아진답니다.

Materials:

크리스털 솔트 ·················· 300g
페퍼민트 허브 ··················· 약간
페퍼민트 에센셜 오일················3g

Tools:

전자저울
볼
시약 스푼
유리 용기

1_크리스털 솔트를 볼에 담아 계량한다.

2_페퍼민트 허브를 크리스털 솔트에 넣는다.

3_페퍼민트 에센셜 오일을 크리스털 솔트에 넣는다.

4_ 시약 스푼으로 골고루 섞는다.
5_ 유리 용기에 담아 사용한다.

** 솔트는 종류에 따라 입자 크기와 색상이 다양하다. 취향에 따라 핑크 색상의 히말라얀 솔트, 사해 솔트, 엡솜 솔트 등을 골라 사용하면 된다.

** 완성된 배스 솔트는 한 번 사용할 때 30~50g 정도 넣으면 적당하다.

** 족욕은 5~10분 정도 하는 것이 좋고 조금 더 오래 하고 싶다면, 뜨거운 물을 더 넣어준다.

Bath
Bomb

배스 봄

향기로운 입욕제인 배스 봄은 물에 넣으면 보글보글 기포가
생기면서 물을 부드럽게 바꿔줍니다. 좋아하는 향으로 만든
배스 봄을 욕조에 넣고 반신욕을 하며 하루의 피로를 날리는
시간을 가져보세요. 힐링의 시간이 될 뿐 아니라 피부가 보들
보들, 양귀비가 부럽지 않을 거예요.

Materials:

구연산 · 200g
탄산수소나트륨(중조) · · · · · · · · · · · · · 200g
라벤더 에센셜 오일 · · · · · · · · · · · · · · · · · 2g
만다린 에센셜 오일 · · · · · · · · · · · · · · · · · 2g
허브 가루 · 약간

Tools:

전자저울
반구 틀(또는 몰드) · · · · · · · · · · · · · · · · · 3개

1_ 구연산과 탄산수소나트륨을 각각 계량하여 볼에 함께 담는다.

2_ 주걱으로 골고루 섞는다.

3_ 2에 라벤더 에센셜 오일과 만다린 에센셜 오일을 넣는다.

4_ 향이 골고루 배도록 손으로 섞어준다.

5_ 반구 틀이나 몰드에 허브 가루를 약간 담는다.

6_ 4의 가루를 반구 틀이나 몰드에 넉넉히 담고 꾹꾹 눌러 뭉친다.

7_틀에 담은 채로 랩으로 감싸 하루 정도 굳힌다.

8_틀에서 조심스럽게 배스 봄을 꺼낸다.

MAKING NOTE

＊＊ 반구 틀이나 몰드가 없을 경우 유리병이나 일회용 포장 팩에 담아 놓고 필요할 때마다 꺼내서 사용한다.

＊＊ 완성된 배스 봄은 바로 사용하지 않을 경우 공기가 닿지 않도록 밀봉하여 보관한다.

Black Sugar
Scrub

흑설탕 스크럽

흑설탕은 훌륭한 천연 스크럽 재료예요. 정제하지 않은 원당을 믹서에 곱게 갈아 부드럽게 만들고 스위트 아몬드 오일과 레몬 에센셜 오일을 넣으면 보습력도 좋고 각질 제거에도 도움을 주는 스크럽이 완성됩니다. 달콤하고 상큼한 향이 기분까지 달콤 상큼하게 만들어주지요.

Materials:

소독용 알코올 ···················· 약간
흑설탕 ···························· 70g
스위트 아몬드 오일 ················· 20g
글리세린 ·························· 10g
레몬 에센셜 오일 ···················· 1g

Tools:

믹서
유리 비커
시약 스푼
갈색병(100g) ······················ 1개

1_ 소독용 알코올로 도구와 용기를 소독한다.

2_ 믹서에 흑설탕을 넣고 곱게 간다.

3_ 유리 비커에 흑설탕 가루를 담는다.

4_ 스위트 아몬드 오일을 흑설탕 가루에 넣는다.

5_ 글리세린을 계량하여 넣는다.

6_ 재료들이 골고루 섞이도록 시약 스푼으로 저어준다.

7_ 레몬 에센셜 오일을 넣고 골고루 섞는다.

8_ 완성한 흑설탕 스크럽을 갈색병에 담아 냉장 보관하고 피부 타입에 따라 일주일에 한 번 또는 보름에 한 번 사용한다.

** 세안을 깨끗이 하고 물기가 있는 상태에서 흑설탕 스크럽을 페이스 오일과 함께 섞어 부드럽게 스크럽을 한다.

** 스크럽 강도를 너무 세게 하거나 스크럽을 너무 자주하면 피부가 민감해질 수 있으므로 피부 타입에 따라 주기를 결정한다.

** 흑설탕의 입자가 굵을 경우, 얼굴에 바로 바르지 말고 손에 덜어 부드럽게 풀어준 후 사용한다.

Body
Oil

보디 오일

샤워 후 몸에 물기가 있는 상태에서 오일만 발라주어도 보습에 많은 도움을 줍니다. 피부 타입에 맞는 오일에 좋아하는 향을 넣어 천연 보디 오일을 만들 수 있어요. 보디 오일을 손에 덜어 심장에서 먼 발부터 시작하여 동그랗게 원을 그리면서 마사지를 해보세요. 피부를 건강하게 가꿀 수 있을 뿐만 아니라 마음도 편안해집니다.

Materials:

소독용 알코올 · · · · · · · · · · · · · · · · · · · 약간
올리브 오일 · 100g
그레이프프루트 에센셜 오일 · · · 0.6g(12방울)
라벤더 에센셜 오일 · · · · · · · · · · · 0.3g(6방울)
제라늄 에센셜 오일 · · · · · · · · · · · 0.1g(2방울)

Tools:

유리 비커
전자저울
시약 스푼
유리 용기(250ml) · · · · · · · · · · · · · · · · · · · 1개

1_소독용 알코올을 뿌려 필요한 재료와 도구를 소독한다.

2_유리 비커에 올리브 오일을 담아 계량한다.

3_그레이프프루트 에센셜 오일, 라벤더 에센셜 오일, 제라늄 에센셜 오
일을 넣는다.

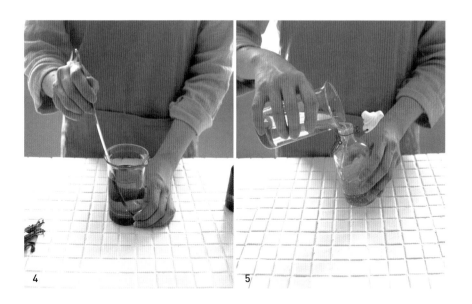

4_ 시약 스푼으로 골고루 섞는다.

5_ 유리 용기에 조심스럽게 부어 사용한다.

MAKING NOTE

＊＊ 올리브 오일의 양을 반으로 줄이고 포도씨나 살구씨 오일을 넣어도 좋다.

＊＊ 어린아이들을 위한 보디 오일에는 라벤더나 캐모마일 에센셜 오일을 추천한다.

＊＊ 완성한 보디 오일은 하루 정도 두어 향과 오일이 잘 섞일 수 있도록 한다.

Body Balm

보디 밤

버터 형태의 보디 밤은 보디 오일에 비해 지속력이 좋아 건조한 피부에 효과가 좋아요. 건조함이 심할 때는 보디 오일을 바르고 보디 밤을 위에 덧바르면 더욱 좋답니다. 피부가 건조해지기 쉬운 늦가을과 겨울철, 피부에 잘 스며들도록 충분히 마사지하듯 발라주고 잠시 누워 향을 느끼며 즐겨보세요.

Materials:

소독용 알코올 ···················· 약간
올리브 오일 ······················· 40g
시어버터 ·························· 40g
비즈 왁스 ························· 20g
비타민 E ··························· 1g
라벤더 에센셜 오일 ·········· 0.5g(10방울)
로즈우드 에센셜 오일 ········· 0.4g(8방울)
일랑일랑 에센셜 오일 ········· 0.1g(2방울)

Tools:

유리 비커
전자저울
핫플레이트
시약 스푼
틴 용기(100g) ····················· 1개

1_ 소독용 알코올로 도구를 소독한 후 유리 비커에 올리브 오일을 담아
계량한다.

2_ 올리브 오일에 시어버터, 비즈 왁스, 비타민 E를 순서대로 계량하여
넣는다.

3_ 핫플레이트에 유리 비커를 올리고 시약 스푼으로 저어가며 재료를
녹인다.

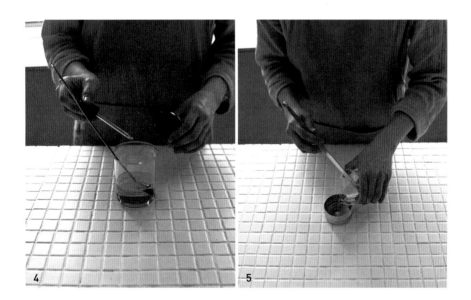

4_ 재료가 다 녹으면 유리 비커를 핫플레이트에서 내린 후 블렌딩한 에센셜 오일을 넣는다.

5_ 시약 스푼으로 골고루 섞고 틴 용기에 조심스럽게 붓는다. 완전히 굳힌 후 사용한다.

MAKING NOTE

** 비즈 왁스와 시어버터의 양을 줄이고 올리브 오일을 많이 넣으면 더욱 부드러운 촉감의 밤을 완성할 수 있다.

** 재료를 녹일 때 온도가 많이 오르지 않도록 주의한다.

Perfume
Story

Patchouli

고급스러운 오리엔탈 향기, 패출리

패출리는 이름도 향기도 낯설어 하는 분들이 많아요. 처음 향을 맡으면 짙은 향에 얼굴을 돌리거나 어디선가 많이 맡아본 향이라며 다시 맡아보기도 해요. 한약방이나 한방 제품에서 많이 맡아본 향기라는 말을 많이 하지요. 실제로 패출리 에센셜 오일은 한방 코스메틱 제품이나 헤어 제품에 많이 사용합니다. 오래전, 페르시아에서 만들어진 값비싼 양탄자가 서양의 왕족이나 귀족에게 공급될 때 벌레나 옴진드기의 피해를 입지 않기 위해 양탄자와 함께 패출리 잎을 넣었다고 해요. 귀한 양탄자에서 나는 패출리 향은 당연히 고급스러운 향이었겠지요. 그게 지금까지도 이어져 서양 사람들에게 패출리는 고급스러운 향으로 인식되고 있답니다.

진한 흙냄새와 나무 냄새가 나서 나무뿌리나 씨앗에서 추출되지 않을까 싶지만 신기하게도 식물의 잎에서 추출되는 향이에요. 잎을 수확한 후 켜켜이 쌓아 발효시켜 추출하기 때문에 짙은 흙냄새가 나는 것이랍니다. 패출리는 대표적인 베이스 노트로 향이 진하고 오래도록 지속돼요. 시향지에 뿌려 책 사이에 끼워놓으면 두 달이 지나도 향이 계속 난답니다. 단독으로 사용하기엔 너무 진해 부담스럽지만 다른 에센셜 오일과 블렌딩하여 사용하면 향을 오래 지속시키는 역할을 하고 전체 향의 중심을 잡아줍니다. 단독으로 사용하고 싶은 경우 평소 사용하는 비율보다 조금 줄여서 넣는 걸 추천해요.

FRAGRANCE CLASS

ESSENTIAL OIL LESSON

ESSENTIAL OIL STORY

ESSENTIAL OIL TYPE

SHOPPING GUIDE

ESSENTIAL OIL STORY

에센셜 오일 추출하는 방법

1_증류법(Distillation Extraction)

찜통의 원리를 이용한 추출법이다. 큰 탱크에 향을 추출할 식물 원료(잎, 꽃, 열매, 줄기 등)와 물을 분리시켜 담고 탱크의 아랫부분에서 열을 가하면 수증기와 식물에 포함되어 있던 에센스가 분리되어 모인다. 이것들이 파이프를 통해 냉각기를 지나는 동안 수증기는 증류액으로, 에센스는 에센셜 오일로 분류된다. 열에 의해 화학 반응이 일어나고 향의 일부분만 추출되기 때문에 식물 자체에서 나는 향과 다를 수 있다.

2_압착법(Expression Extraction)

오렌지, 레몬, 만다린 등 감귤류의 껍질에는 에센셜 오일이 포함되어 있다. 예전에는 강판에 껍질을 갈거나 손으로 눌러 향을 추출했다면 지금은 기계를 이용하여 껍질을 압착하여 에센셜 오일을 얻는다. 과즙을 그대로 두면 가벼운 오일이 과즙 위로 분리되어 뜨기 때문에 열을 가하지 않아도 되고, 향이 그대로 얻어지기 때문에 껍질 자체의 향과 에센셜 오일의 향이 거의 같다.

3_용매법(Solvent Extraction)

용제라고도 부르는 용매는 용질을 녹여 용액을 만드는 물질을 말한다. 예를 들어, 설탕물에서 설탕은 용질, 물은 용매이다. 용매를 이용하는 방법은 다시 크게 냉침법, 휘발성 유기 용매 추출법, 초임계 이산화탄소 추출법 3가지로 나눌 수 있다.

냉침법

용매로 고체 기름(지방)을 이용하는 방법이다. 돼지기름이나 소기름 등 지방을 유리에 바르고 여기에 신선한 꽃잎을 붙이면 지방에 꽃잎 속의 오일이 흡수된다. 오일이 흡수된 꽃잎을 떼어내고 다시 새 꽃잎을 올려 더 이상 지방이 오일을 흡수하지 못할 때까지 반복한다. 이 지방을 모아서 알코올과 섞으면 지방과 오일이 분리된다.

휘발성 유기 용매 추출법

용매로 헥산이나 벤젠 등 휘발성 유기 용매를 이용하는 방법으로 용매에 식물을 담가 향을 추출한다. 식물에 있는 왁스나 지방, 색소가 같이 추출되며 알코올로 분리시켜 오일만 따로 얻는다. 에센셜 오일 함유량이 적은 꽃에서 향을 추출할 때 많이 사용하는 방법으로 향과 색이 진한 편이다.

이산화탄소 추출법

이산화탄소는 33도와 200 이상의 고압에서 기체도 액체도 아닌 초임계 상태가 된다. 이 상태의 이산화탄소를 용제로 활용하여 에센셜 오일을 추출하는 방법으로 낮은 온도에서 진공 상태로 향을 뽑아내기 때문에 식물 본연의 향과 거의 비슷한 향을 얻을 수 있지만 가격이 비싼 편이다.

ESSENTIAL OIL STORY
에센셜 오일의 가격이 다른 이유

1_생산되는 양의 차이

오렌지 에센셜 오일은 오렌지 열매의 껍질에서 추출되는데, 오렌지를 까먹을 때 느껴지는 끈적임의 정도로 에센셜 오일이 많이 함유되어 있어 저렴한 편에 속한다. 반면 로즈 에센셜 오일은 장미꽃에서 추출되는데, 꽃 4000kg에서 에센셜 오일 1kg이 생산되어 비싼 편에 속한다. 이처럼 에센셜 오일의 가격은 생산되는 양에 따라 많게는 100배 이상 차이가 나기도 한다. 이처럼 보통 꽃에서 추출되는 향이 가장 비싸고 열매에서 추출되는 향은 상대적으로 저렴하다. 식물의 전체 비율에서 꽃이 차지하는 비율이 가장 적기 때문에 희소성이 높고 잎, 줄기, 뿌리에서 추출되는 향은 중간 정도이다. 보통 과일 껍질(오렌지, 레몬, 만다린 등), 잎(유칼립투스, 페퍼민트, 라벤더 등), 우드(시더우드, 로즈우드 등) / 수지(미르, 벤조인 등) / 뿌리(벤조인, 진저 등), 꽃(로즈, 재스민 등) 순으로 가격이 비싸고 예외인 경우도 있다.

2_추출 방법의 차이

로즈 에센셜 오일은 수증기 증류법과 휘발성 유기 용매 추출법 중 어떤 방법을 사용했느냐에 따라 가격이 2배 정도 차이가 난다. 수증기 증류법이 오일을 더 적게 생산하기 때문에 가격이 비싸다.

3_생산되는 지역의 차이

같은 향이라도 생산되는 지역에 따라서 질이 많이 달라진다. 지역 특산품이 있는 것처럼 에센셜 오일도 추출하는 식물이 어느 지역에서 자라고 어디서 추출된 것이냐에 따라 가격이 차이 난다. 예를 들어 샌들우드 향은 동인도산 제품의 품질이 뛰어나며 다른 곳에서 생산되는 것보다 5배 이상 비싸다.

ESSENTIAL OIL STORY
좋은 향을 고르는 방법

1_용도에 따라 고르기

에센셜 오일이 지닌 특성과 효능을 이해하고 자신의 필요와 목적에 맞는 에센셜 오일을 선택하는 것이 좋다. 특히, 테라피를 목적으로 에센셜 오일을 사용한다면 에센셜 오일의 학명, 추출 부위, 원산지, 추출 방법, 화학 타입 순도 등의 요소를 꼼꼼히 살펴보고 표기가 잘 되어 있는 제품으로 구입한다. 또한 사용 기한과 유효기간도 확인하고 향을 직접 맡아볼 수 있다면 시향지로 테스트한 후 사는 것이 좋다.

2_좋아하는 향기 고르기

평소에 좋아하는 향기를 고르는 게 좋다. 개인마다 선호하는 향기가 있고, 좋아하거나 싫어하는 줄 알았던 향기도 막상 시향해보면 다른 경우가 많으니 테스트를 해본 후 사용하는 것이 좋다. 만약 선물을 하는 경우라면 호불호가 갈리지 않는 향기를 고르는 것이 좋다. 평소에 익숙하게 맡을 수 있는 레몬, 오렌지, 라임 등의 과일 향이나 라벤더, 로즈메리 등의 허브 향을 추천한다. 요새는 중성적인 향기도 인기를 얻고 있어 유니섹스(unisex) 계열의 향을 골라보는 것도 좋다.

3_블렌딩하기

블렌딩이란 향을 섞는 걸 얘기한다. 몇 가지 향을 섞으면 새로운 향을 만들 수 있고 에센셜 오일이 원래 가진 효능보다 더 큰 효과를 얻을 수 있다. 블렌딩을 잘 하기 위해서는 우선 각각의 향을 알아야 한다. 각각의 향을 알아야 블렌딩했을 때 어떤 느낌일지, 어떤 향이 날지 알 수 있다. 그렇다면 향을 안다는 것은 무엇을 말할까? 예를 들어 레몬을 얘기했을 때 바로 레몬 향이 머릿속에 떠오르는 것을 말한다. 비슷한 계열끼리 분류해서 외운 후 차이점을 조금씩 알아두면 금방 향을 익힐 수 있다. 자주 향을 맡아보며 외우고 처음에는 2가지씩 블렌딩을 시도해보자. 이 책에서 제안하는 향을 만들며 연습하다 보면 블렌딩 실력이 늘 것이다.

ESSENTIAL OIL STORY
향의 노트

1_ 톱 노트(Top Note)

향을 뿌리고 나서 30분 전후까지 느껴지는 향을 말하며, 휘발성이 강해 향을 뿌린 후 2~3시간 이내에 향기가 사라진다. 지속력이 약하지만 향의 첫인상을 결정하여 매우 중요한 역할을 한다. 레몬, 라임 등의 시트러스 계열 오일과 페퍼민트, 클로브 등 향신료 계열 오일이 이에 속한다.

2_ 미들 노트(Middle Note)

향을 뿌린 후 30~60분 사이에 느껴지는 향으로 6시간 정도 유지된다. 여러 가지 향을 섞었을 때 중간을 이루는 향으로 톱 노트보다 휘발 속도가 느리며 블렌딩한 향을 조화롭게 잡아주는 역할을 한다. 로즈, 재스민 등 플로럴 계열의 오일이 속한다.

3_ 베이스 노트(Base Note)

베이스 노트는 지속력이 강해 10시간~7일까지 향이 지속된다. 향에 깊이를 더해주고 블렌딩한 향을 천천히 휘발되도록 하며 향을 오랫동안 지속시키는 역할을 하여 고착제, 보류제라고도 불린다. 샌들우드, 시더우드 등의 우드 향과 미르, 벤조인 등의 수지에서 추출되는 향이 여기에 속한다.

ESSENTIAL OIL TYPE
에센셜 오일의 종류

시트러스 계열
감귤류 향: 그레이프프루트, 라임, 레몬, 레몬그라스, 만다린, 메이창, 베르가못, 시트로넬라, 오렌지, 텐저린

그린허브 계열
풀과 약초 같은 허브 향: 라벤더, 로즈메리, 마조람, 유칼립투스, 캐모마일저먼, 클라리세이지, 타임, 티트리, 팔마로사, 페티그레인, 펜넬

침엽수 계열
시원하고 우디한 나무 향: 사이프러스, 주니퍼베리, 파인

민트 계열
시원하고 상쾌한 박하 향: 스피아민트, 페퍼민트

스파이스 계열
자극적이며 향신료를 연상시키는 향: 넛맥, 바질, 베이, 블랙페퍼, 샐러리시드, 시나몬, 아니스, 진저, 카다몸, 카시아, 캐러웨이, 코리앤더, 쿠민, 클로브, 타라곤

플로럴 계열
부드러운 꽃 향: 네놀리, 로즈, 아이리스, 일랑일랑, 제라늄, 재스민, 캐모마일로먼

우드 · 얼스 · 수지 계열
나무 향과 흙냄새, 달콤한 바닐라 향: 로즈우드, 미르, 바닐라, 베티베르, 벤조인, 샌들우드, 시더우드, 캐롯시드, 패출리, 프랑킨센스

SHOPPING GUIDE
쇼핑 가이드

새로핸즈
홈페이지 www.saerohands.com
주소 서울시 중구 동호로 379
천연 화장품, 비누, 캔들, 디퓨저 DIY 전문 쇼핑몰이다.

에코팩토리솝스쿨
홈페이지 www.soapschool.co.kr
천연 비누와 화장품 원료를 직수입해 합리적인 가격으로 판매하는 곳이다. 재료와 더불어 만드는 과정 사진이 담긴 레시피와 사용법을 홈페이지에서 소개한다.

왓솝
홈페이지 www.whatsoap.co.kr
캔들, 디퓨저 등 방향 소품을 만드는 재료뿐만 아니라 화장품, 샴푸 등 피부나 보디에 효과적인 천연 재료를 판매하고 있다. 만드는 레시피와 팁도 홈페이지에 공유하고 있어 유용하다.

젤캔들숍
홈페이지 www.gelcandleshop.co.kr
캔들, 디퓨저, 비누 등 다양한 향기 소품 재료와 액세서리, 포장 용품을 온라인으로 구입할 수 있다. 오프라인 매장에서는 소이 캔들 재료만 있으니 구입하기 전 참고한다.

캔들매니아
홈페이지 www.candlemania.co.kr
주소 서울시 중구 주교동 37 방산종합시장 A동 1층 192호
캔들 재료 전문 도·소매 브랜드로 부담스럽지 않은 가격대의 캔들, 디퓨저, 석고 방향제 등을 판매한다. 국내외 프리미엄 프래그런스 오일을 판매하니 다양한 향을 구입할 수 있다.

캔들웍스
홈페이지 www.candleworks.co.kr
주소 서울시 중구 주교동 19-1번지 방산종합시장 A동 1층 65호
캔들아트에 필요한 재료와 도구를 직수입하여 판매하고 있다.

한일유지
전화번호 02-2265-1523
주소 서울시 중구 방산동 97-4
천연 비누와 화장품 재료 등을 저렴한 가격으로 판매하며 매장으로 전화 또는 방문하여 구매할 수 있다.

Natural Beauty
Start With **SAEROHANDS**

www.**saerohands**.com

천연 DIY의 모든 것
새로핸즈가 함께 합니다.

Start With SAEROHANDS

새로핸즈가 약속하는
3대 D.I.Y철학

첫째, 천연 제일주의를 고집하겠습니다.

둘째, 품질에 타협하지 않겠습니다.

셋째, 합리적인 가격으로 풍요로운 천연 세상을 열겠습니다.

www.saerohands.com